老子天下第一

赵启光　著

北京大学出版社
PEKING UNIVERSITY PRESS

图书在版编目（CIP）数据

老子天下第一/赵启光著. —北京：北京大学出版社，
2010. 9
ISBN 978-7-301-09018-3

Ⅰ. ①老… Ⅱ. ①赵… Ⅲ. ①道家②老子—研究
Ⅳ. ①B223. 15

中国版本图书馆 CIP 数据核字（2010）第 180495 号

书　　　名：老子天下第一
著作责任者：赵启光　著
责 任 编 辑：杜若明
标 准 书 号：ISBN 978-7-301-09018-3/G·1491
出 版 发 行：北京大学出版社
地　　　址：北京市海淀区成府路 205 号　　100871
网　　　址：http：//www. pup. cn　　电子信箱：zpup@ pup. pku. edu. cn
电　　　话：邮购部 62752015　　发行部 62750672
　　　　　　出版部 62754962　　编辑部 62753374
印　刷　者：北京宏伟双华印刷有限公司
经 销 者：新华书店
　　　　　　730 毫米×980 毫米　16 开本　11.5 印张　176 千字
　　　　　　2010 年 9 月第 1 版　2010 年 9 月第 1 次印刷
印　　　数：1—20000 册
定　　　价：25. 00 元

目　录

第一讲

老子何许人也

寻 道 图

　　从 1997 年开始，我在美国卡尔顿大学教一门名为"道家养生之道"的课程，本系列图画即是为这门课画在黑板上即兴画的。课上，同学们和我都沉浸在静谧缥缈的道家世界里。老子说："道可道，非常道"。因此，我尽量不用抽象的语言讲道，而是代之以具体而微的方法，比如画图、欣赏自然、练太极拳、读故事等等。

绘画及说明文字：赵启光

【主持人】亲爱的观众朋友们，大家好！欢迎来到山东电视台《新杏坛》栏目的演播室，我是主持人张迪。

在古老的神话传说当中啊，有一位神仙叫"太上老君"。那说到这儿，很多观众朋友肯定很疑惑，就是这位神仙啊，在现实当中真的存在吗？其实呢，"太上老君"指的就是我国道家学派的创始人——"老子"。而孔子对老子的评价就是"神龙见首不见尾"。时至今日老子还被很多外国朋友所喜欢和热爱，当然，这就得益于美国凯文大学亚洲语言文学系主任赵启光教授，他也是国际 M 奖的评委和比较文学的专家，同时呢，他还创办了上海同济大学中国文化传播中心，今天呢，我们特别把赵教授请到了我们的演播室，让他带领我们深入浅出地话讲老子。让我们用热烈的掌声欢迎赵教授。

大家好！今天我们开讲"老子天下第一"，刚才张迪说得很好啊。在我们日常的生活中，常常说，"老子天下第一"，是非常骄傲的人说的话，特别是西南一带，有的人半开玩笑，就是"老子天下第一"。有个笑话：有个年轻人跟别人说话，张嘴闭嘴就说，老子怎么样老子怎么样，有一回跟他爸爸也这么说，他爸爸火了："龟儿子！我才是你老子！"年轻人的骄狂把他爸爸气糊涂了，骂他"龟儿子"。结果老子面前称老子，儿子变成了龟儿子，于是爸爸也变成了龟爸爸。可见"老子"可不是随便能说的。

不过我们今天说的老子却是世界上最谦虚的人，最虚怀若谷的人。最谦虚的人怎么被称为"老子"了呢？对这个问题历史上众说纷纭，没有一个确切的说法，因为关于老子的记载，实在是太少了，他就这样一个人，就像高天上一只雄鹰在远处徘徊，他的来龙去脉，他从哪儿来上哪儿去都是很不清楚的。

一种传说是老子的母亲怀老子怀了81年，一出生就81岁了，所以大家就说这是老子了，《史记正义》有记载，并不可信。真正的记载老子的资料，非常之少，最权威的当属司马迁的《史记》。据《史记》记载，老子不姓老，姓李，名耳，楚国苦县人。司马迁没有说为什么老子叫李耳，耳朵的耳。有人分析说，可能生下来的时候耳朵比较大。我们现在到福建清源山看老子像，耳朵很大。我们民间传说也说大耳朵是长寿的象征。老子也叫老聃，聃可能是谥号。

他是楚国人，在周朝（首都在洛阳）当官，任守藏室之史，相当于现在的国家图书馆的馆长或者中央档案馆的馆长。因这个特殊地位，他有机会阅读大量的文献。他看的书很多，可能是当时最有学问的人。

他大概生活的年代是 2500 多年以前，在他同时，有一个有比他年轻 20 多岁的人，在中国历史上鼎鼎大名，那就是孔子。孔子和老子大约是同时代的人，史书中对孔子的记载要比对老子的记载更清晰。《史记·老子韩非列传》中有关老子的记载只有 460 多个字，可其中记载老子与孔子的对话就占了一百多字，其中提到孔子曾经到洛阳去拜访过老子。孔子去问礼，老子就说，你提到的这些人都死了，骨头也腐朽了，只有他们的学说还在。一个真正做得好生意的人呢，财产是不暴露的；有道德学问的人，其道德学问也不是表现在脸上，所以你应该去掉骄气，这好像是对孔子的批评。这段记载也见于《孔子家语》。

回来以后，孔子不但没跟老子生气，他跟他的学生还发表了一段评论，他说："鸟是能飞的，走兽是能跑的，鱼是能游的，天上的鸟我们可以用弓箭射，地上的走兽我们可以用陷阱去抓，水里的鱼我们可以用网去捞。至于龙，我就不知道了，它可以乘风云而直上九天。我今天见到老子，他不就像是龙吗？"老子在孔子心目中是一条龙，这是孔子对老子的评价。以后道家和儒家的争论中，道家常常说老子是孔子的老师，中国人喜欢讲谁是谁的老师，谁比谁高一级。这个争论其实没有什么意义，因为孔子的学说和老子的学说是非常不一样的，不能简单类比。道家和儒家有对立也有和谐，这

不得其时则蓬累而行。吾闻之，良贾深藏若虚，君子盛德容貌若愚。去子之骄气与多欲，态色与淫志，是皆无益于子之身。吾所以告子，若是而已。"孔子去，谓弟子曰："鸟，吾知其能飞；鱼，吾知其能游；兽，吾知其能走。走者可以为罔，游者可以为纶，飞者可以为矰。至于龙，吾不能知其乘风云而上天。吾今日见老子，其犹龙邪！"老子修道德，其学以自隐无名为务。居周久之，见周之衰，乃遂去。至关，关令尹喜曰："子将隐矣，强为我著书。"于是老子乃著书上下篇，言道德之意五千余言而去，莫知其所终。

里不做展开。今天，我们单说"老子天下第一"，老子怎么就"天下第一"。

"老子天下第一"，一说出来，恐怕有人会反对，我想老子本人是第一个反对者。老子最反对"天下第一"，当然今天他不可能在场，我们就给他强加一个"老子天下第一"。我这么讲是有根据的，我可以列举100条理由。现在我就信手拈来10条，看看老子在哪些方面"天下第一"。

第一，老子的"道"是天下第一，这个道字，是"无状之状，无象之象"。老子首先在满天星斗的星空下提出了一个抽象的概念："道"。跟老子同一时期的其他哲学家，柏拉图也好，佛陀也好，亚里士多德也好，虽然都在一定程度上涉及了一个抽象的概念（如古希腊叫logos），但是呢，老子更系统地提出了一个终极的解释人生的、"先天地而生"的、超越人的观念——"道"。可以说是世界第一。

第二，老子对宇宙的本体提出了一个深刻的，至今还有科学意义的见解，就是在我们人之外，存在一个深远的宇宙，包括星云、行星、恒星、大宇宙的形成，甚至于黑洞这些东西，老子已经隐隐约约地感觉到了。《道德经》第二十五章："有物混成，先天地生。寂兮寥兮，独立而不改，周行而不殆，可为天地母。吾不知

《道德经》十四章：其上不皦，其下不昧，绳绳不可名，复归于无物。是谓无状之状，无物之象，是谓惚恍。

其名，字之曰道。"大意是有一个事物，是在混沌之间存在于茫茫的宇宙之间，他比天地，我们所看见的天地还要更早，这就类似于宗教的观念，但是老子没有提出一个人格神。

在当时，其他的大多数文化都提出一个人格的神，这个神可以祝福你，可以诅咒你，可以把你救到天堂，可以把你打入地狱，你向他祈祷，他会帮助你。老子并没有把"道"人格化，这在世界上是很独特的，这种思想至今深入中国人的心。我们相信有天，老天爷，虽然有时候说老天爷啊，好像是个人啊，但实际上是宇宙中有超越我们的一种力量。我也相信这个宇宙中，有一种超越我们的力量。而这种力量是我们所不能控制的，是控制我们的。老子说，"寂兮寥兮，独立而不改，周行而不殆"，很寂寞，很孤独，他是脱离我们而存在的。不是说，这个"道"有头有眼睛，可以说话。它是循环不息的，圆周旋转而不停，周行而不息，这和宇宙密码是非常相像的，周旋，循环状态，所以可以为天地之母。西方哲学家和物理学家都已经意识到这一点了，有一本书叫做《物理学之道》（*Tao of Physics*），其中的观点和道家，特别是老子的观点有平行之处。

老子说，"吾不知其名，字之曰道"，这个世界我不知道它的名字，我给它起个名字，那就管它叫道吧。这

《道德经》二十五章：有物混成，先天地生。寂兮寥兮，独立而不改，周行而不殆，可以为天下母。吾不知其名，字之曰道。强为之名曰大。大曰逝，逝曰远，远曰反。故道大、天大、地大、人亦大。域中有四大，而人居其一焉。人法地，地法天，天法道，道法自然。

个道是什么？老子说，"道可道，非常道"，能够说的这个道不是真正的道。老子的时候，没有物理，没有化学，没有哲学，没有实验，没有天文望远镜，老子凭借对周围的世界的观察，太阳东升西落，冬夏寒暑交替，通过思辨，抽象出一个超越我们而存在的事物——道。我们以为自己很聪明，可以观察宇宙深处，可是也许后人看我们，并不比老子更高明。也许我们在某个局部有精确的观察，但未见得比老子抽象的哲学高深多少。

第三点，老子对人类社会状态进行了分析，揭示它的过去、现在和未来。过去的社会是怎样的，现在的社会如何，将来社会应该怎样，他设想了一个乌托邦。我们都知道欧洲乌托邦思想的代表人物是英国空想社会主义者托马斯·莫尔，他生活在 16 世纪。后来逐渐发展成空想社会主义学说。老子在 2500 年前就设想了一个理想的乌托邦："小国寡民，使有什伯之器而不用"，有很多器械也不用，"鸡犬之声相闻，民到老死不相往来"。他指出人曾经结绳记事，这和我们现在的人类学家的考证是一样的。他对当时的社会现状以及运作也进行了分析。要注意，老子虽然设想的是乌托邦，但同时老子也是一个非常现实的人，他对治理国家有一整套的方法。他这套方法，在汉初的"文景之治"，东汉的"光武中兴"，唐朝的"贞观之治"中，都被不同程度

《道德经》八十章：小国寡民。使有什伯之器而不用，使民重死而不远徙。虽有舟舆无所乘之，虽有甲兵无所陈之，使民复结绳而用之。甘其食，美其服，安其居，乐其俗。邻国相望，鸡犬之声相闻，民至老死不相往来。

地采用。事实证明，在中国历史上，凡应用老子治国思想的时代，一定是中华文化和经济光辉灿烂的时代。老子的治国理论，并不是完全消极的，有很多积极的因素。我最欣赏他说的三句话，可惜历代统治者很多人听不懂。其实如果皇帝听得懂他的话，都不会出现大问题。

这三句话是："以正治国，以奇用兵，以无事取天下。"以正义来治理国家；用兵的时候，要用奇兵；治理天下要无事，不扰民。顺其自然，给人民以活动余地，最高统治者不宜干涉各种经济生活。这些观点今天听起来都是有现实意义的。美国总统里根说过，中国的哲学家老子说过，治理一个大国就好像炸一个小鱼一样，你不能老搅和它，一搅和它，这鱼就散了（"治大国若烹小鲜"）。总之，统治者不能以主观的意志和社会规律对抗。

第四，老子在 2500 年前，已经提出了环境保护的思想。主张低碳经济。他说："人法地，地法天，天法道，道法自然。"自然，就是我们这个大自然，是最高层次的，是我们考虑问题的中心。我们人类，不要以自己为中心，什么事都是我们人怎么样怎么样。西方文化叫做征服自然，自然不是我们征服的，我们征服不了自然，我们只能与自然取得和谐。我们看当今世界，环境污染成了全球性的问题。比如美国墨西哥湾的漏油事

《道德经》五十七章：以正治国，以奇用兵，以无事取天下。吾何以知其然哉？以此。天下多忌讳，而民弥贫；民多利器，国家滋昏；人多伎巧，奇物泫起；法令滋彰，盗贼多有。

《道德经》六十章：治大国若烹小鲜。以道莅天下，其鬼不神。非其鬼不神，其神不伤人。非其神不伤人，圣人亦不伤人。夫两不相伤，故德交归焉。

《道德经》二十五章：故道大、天大、地大、人亦大。域中有四大，而人居其一焉。人法地，地法天，天法道，道法自然。

件，今天星期一，我星期五刚刚从美国来，墨西哥湾漏油事件是非常严重的，英国石油公司 BP 开采石油的时候，油管发生破裂，油涌出来，不断地冒，控制不住。油污弥漫到墨西哥湾的很多地方，大家知道墨西哥湾北面是美国的佛罗里达，西面是墨西哥。油污不往墨西哥那个方向去，随着海潮流动漫向美国。我去过墨西哥湾，我平时喜欢游泳，可能是因为崇拜老子，所以对水有一种偏爱。每次到墨西哥湾，我就想起"天堂"这两个字。云是白的，沙滩也是白的，蓝色的海浪拍击着海岸线，非常近，使人想到这就是永恒的世界。你可能会沉醉在大自然美丽的风景之中。可是今天的墨西哥湾，海是黑的，上面有一层油，海鸟都被油包裹了，飞不起来了。

　　老子说过："天得一以清，地得一以宁。"这个"一"可以理解为法则、宇宙的真谛。如果失去了这个法则，就会天不清，地不宁，就会天塌地陷。现在，这种危险已隐然可见了。老子还说："常善救人，故无弃人；常善救物，故无弃物。"善于救人的人，没有可以放弃的人；善于救物的人，没有东西可以放弃。就是说要利用一切可以利用的东西。我们现在的循环使用、回收利用这些做法难道不是老子的思想吗？可老子比我们超前 20 多个世纪。他为什么会有这种先见之明呢？就

《道德经》三十九章：昔之得一者。天得一以清，地得一以宁，神得一以灵，谷得一以盈，万物得一以生，侯王得一以为天下贞。

《道德经》二十七章：善行无辙迹，善言无瑕谪，善数不用筹策，善闭无关楗而不可开，善结无绳约而不可解。是以圣人常善救人，故无弃人；常善救物，故无弃物。是谓袭明。

在于他对宇宙和人生的深刻认识。老子是世界上第一个环保主义者。

第五，老子是第一个女权主义者。我们一提女权主义，常常说西方的女权主义怎么样。其实第一个真正替妇女说话的就是老子。大家注意，《道德经》里没有男女二字，但并不是说老子没有男女的观念。老子把男女叫做牝牡，牝是阴性、女性，牡是阳性、男性。老子说："牝常以静胜牡"，女性以其静胜过男性，母性要胜过父性，阴要胜过阳。"天门开阖，能无雌乎？"天门一开一关，能够没有雌性吗？都在强调女性的伟大。

所以，老子在对妇女的认识上，堪称世界第一。那个时代没有人那么说过，孔子没那么说过，佛陀没那么说过，苏格拉底、柏拉图没那么说过，亚里士多德没那么说过，后来的也没那么说过。只有老子如此系统地讨论妇女问题，这是他哲学思想的自然延伸。他认为自然有阴阳两个对立面，对立面是可以互相转化的。弱者和强者是对立的，但弱者会变成强者。所以他非常自信地指出："牝常以静胜牡。"

第六，老子是世界上第一个和平主义者。老子非常反对战争，他常常谈到军事，每次谈完以后，都说，战争是不好的，杀人是不好的。他说过："师之所处，荆棘生焉。军之后必，有凶年。"军队所到之处必然是破

《道德经》六十一章：大国者下流，天下之交，天下之牝。牝常以静胜牡。以静为下。

《道德经》十章：载营魄抱一，能无离乎？专气致柔，能如婴儿乎？涤除玄览，能无疵乎？爱国治民，能无为乎？天门开阖，能无雌乎？明白四达，能无知乎？

《道德经》三十章：以道佐人主者，不以兵强天下。其事好还。师之所处，荆棘生焉。军之后，必有凶年。

壁残垣，荆棘丛生，灾荒遍地。军队过去了，年成一定是不好的。"战胜以丧礼处之"，得胜之后，庆祝战争那个仪式应该像丧礼一样。

第七，老子是第一个诗化哲学家。他以诗的语言讲哲学，创造出了一个诗的哲学。老子说的话句句都是名言警句，精彩绝伦，犹如"大珠小珠落玉盘"。时而激昂慷慨，时而幽默滑稽，时而像在朝廷上和国君辩论，时而像一个茅草屋下饮茶的老人，和我们静静地谈人生。

他的文字之美是空前的，虽不敢说绝后，但我还没有看见谁在这么短的文字里面，在 5000 多字中集合这么大的信息量。我们现在举一个例子，看看老子怎么样用诗的语言来表达深刻的内容。老子说："知不知上，不知知病。夫为病病，是以不病。圣人不病，以其病病。夫为病病，是以不病。"这是《道德经》七十一章，我们一起来看看这句话，老子这句话是怎么说的。我们说老子的文字是世界第一，看看老子怎么样在文字上是世界第一的。整段话用了知、不、上、夫、为、病、是以、圣人八个词，去掉虚词不、夫、是以，只有五个实词：知、上、为、病、圣人。可他表述了一个什么内容呢？知道自己不知道，这是最好的；不知道却以为自己知道，这就要出问题了。这是因为把自己的问题当成问题去处理，所以就没有问题了。圣人不会出问题，是因为他把问题当成是问题。正是因为把自己的问题当成问题去处理，所以就没有问题了。什么是言简意赅，什么是言近旨远，这段话就是一个现成的例子。

老子的语言漂亮，还在于一种创造性：重复。他的文字经常重复。交响乐为什么美呢？为什么动人呢？在于主题，在一个乐章中，主题反复出现，给我们留下了一个深刻的印象。还有，孩子在听故事的时候，一定要重复，"从前啊，有一只大灰狼，这个大灰狼啊，要吃小红帽。小红帽呢……"因为这样孩子才能集中注意力，才能听懂。老子就用这种简单而幽默的语言，把非常深刻复杂的思想深深地种在我们心田。老子把哲学概念作为主题，在语言的交响乐中不断地复现，荡气回肠，紧紧扣动我们的心灵。殖民时代的英国人说："我们宁愿失去印度也不能失去莎士比亚。"为什么呢？莎士比亚的语言，他是语言的大师，他用他的语言创造的作品是无上的精神财富。我们也有语言的大师——老子，他在2500多年前为我们创造了无上的文化瑰宝。今天我们学习他的教导，让他的智慧在我们心中重新闪烁，它可以使我们在这个充满危险和挑战的世界中免受伤害，脱颖而出。

第八，老子是跨时代、跨文化、跨地域的大哲学家。打开《道德经》，我们就会发现，里面没有提过一个具体的人名，没有提过一个具体的时代，没有提过一个历史现象，周天子怎么样啊，楚王怎么样啊，统统没有！因为他的思考跨越了具体的时代，跨越了具体的历史时期，跨越了不同的地域，因而他就属于了全世界，属于了我们每一个人。他有一种自觉性，和宇宙对话的自觉性，有向全人类说话的高度。我们不说他是神，也不说他是上帝，但是他已经给自己取得了这种地位。不偏不倚，没有说我们楚国人比你们秦国人聪明，没有说周朝和商朝对比有什么优点。他把对宇宙的观察，对人生的观察，留给了我们，让我们去体味，去认识。他是真正的智者。他的跨时代、跨文化的自觉性，可以说是世界第一的。

　　第九，老子哲学的普适性可以说是世界第一。这与他跨时代、跨文化、跨地域的自觉性有直接关系。他的哲学远可探索宇宙，近可进入我们每个人的日常生活。正因为他不针对具体的事情，不针对具体的人，所以一打开《道德经》："啊，这不就是说我吗?"汉语中很多成语都是来自《道德经》的：视而不见，相反相成，哀兵必胜，千里之行始于足下，天长地久，大巧若拙，天网恢恢，大智若愚……在这么短的文字中有这么多值得应用的东西，和我们联系得如此深刻、紧密、具体，堪称世界第一。

我们现在面临很多问题。中国精神病防治中心发表一个数字，说中国有 1 亿人患有不同程度的精神疾病。中国 13 亿人，今天咱们有多少人呢，26 个人，照比例我们之中有两个人有精神问题。当然不一定是严重的精神疾病，如癫狂、杀人放火什么的。但不同程度的强迫症啊，忧郁症啊，失眠啊等等，这都是问题啊。大家自己想想，承认自己有病，寻找解决方法。为什么会这样呢？我们该停一停，想一想。我们不只要追求物质生活，不只要买汽车、卖房子、找工作、考四六级，我们还要想想人生的价值，看看人生的美在哪里。马可·波罗曾说过："中国人聪明，但中国人有个缺点，不注意自己的灵魂。"他的意思是说中国人没有宗教信仰。当然我们的信仰与他的信仰不一样，这里不细讲。我们现在讲和谐社会，人和人的和谐这没问题，人和自然的和谐呢？人内心深处的自我的和谐呢？是不是我们应该想一想。

汽车一直往前开，我们是不是到一定地方要停下车来，看一看远山啊，我们既然崇拜这层层的山峦，趁着污染还没有把山毁掉，我们是不是应该欣赏欣赏，我们是不是应该控制、减少污染，使我们的山川更美丽？我们是不是应该净化一下我们的心灵？有一个统计数字，知识分子的平均寿命是 58 岁，这数字也太低了。知识分子读圣贤书，所为何事？"为天地立心，为生民立命，为往圣继绝学，为万世开太平。"但为什么自己不健康呢？为什么自己 58 岁就离开人世呢？古人用大量的时间去探索人生，去发现人生之美，去探讨人和社会的关系。孔子站在河边会说"逝者如斯夫"，老子站在河边会说"上善若水"，今天我们知识分子站在河边会说什么呢？我们是不是有问题了？我们是不是在某些方面生病了？我们是不是要检查检查自己啊？我们是不是要借助一下古人的思想，进行一下探讨啊？老子的思想对于解决我们面临的问题仍有现实意义。这就是老子学说的普适性。

第十，老子的《道德经》，单位文字的信息承载量可以说世界第一。区区五千多字的书阐述了如此之大、如此之广的哲学问题恐怕是罕有其匹的。有一个统计，就翻译文种来说，最多的是《圣经》，其次就是《道德经》。《道德经》的译本实在太多。在美国讲道家，讲老子，关键问题是选好的译本，因为译本太多。

俄罗斯总统梅德韦杰夫在圣彼得堡举行的一次经济研讨会议上发言，就提到老子。他指出，面对目前的金融危机，我们要听中国一个古代哲人的话，老子的话，知足不辱，知止不殆。《道德经》俄文译本也很多，其

《道德经》八章：上善若水。水善利万物而不争，处众人之所恶，故几于道。

中就有大名鼎鼎的托尔斯泰的译本。托尔斯泰不懂中文，他是从德文翻译过来的。我有时候喜欢看他们的译本，俄文也好、德文也好，有些地方译者的体会也挺深刻的。他从这个角度看，不见得比你懂古文的看得差。在这个意义上说，老子也是跨语言的，你把它译成现代汉语，外国人把它译成外语，不见得你就译的比外国人好。因为老子的思想是属于全人类的，它不受语言、文化的束缚。

好了，"老子天下第一"的十个理由都说了，不见得对，大家可以讨论。说完老子天下第一，大家也许会问：最后老子哪儿去了呢？据《史记》记载：老子在周王朝当官，任守藏室之史，也就是国家图书馆馆长。他看到周室之衰，周王朝要完，就离开它，往西边去了。有人演绎了，说骑什么黄牛啊青牛啊等等，这个司马迁没有记载。西行一直到了函谷关，有个守关的官吏尹喜就说："您就要隐居了，请好歹为我写本书吧。"于是老子就写下了《道德经》五千言。这一幕景象很生动。老子就要离开这个世界到西方去了，前面有流沙，函谷关以西外面是什么情况，当时的人也不是非常清楚。身后是一个即将发生动乱的国家，是一个没落的周王朝。在离开世界的时候，有一个非常热心的守关官员请老子写下对人生和哲学的看法，写完后，老子飘然出关，不知所终。

司马迁的记载很富戏剧性。要现在写成现代剧，大概会更有意思。老子到函谷关，官吏尹喜说："来者何人？"老子答道："我乃周天子守藏室之史也。"官吏说："守藏室之史，官居几品？"老子说："这么说话太别扭，干脆说大白话吧，国家图书馆馆长。""哎呀！国家图书馆馆长，部级干部，部级干部，您要拿护照来。"老子说："哪儿来什么护照，两千五百年以后才能有呢。"官吏说："没有护照，拿当朝天子的通关牒来。"唐僧取经不得拿唐朝皇帝的信吗？老子说："你瞧！忘了。临走没跟那小子打招呼。""没打招呼就是私行。"老子说："那我怎么办？"官吏说："留点东西再走。"老子说："留什么东西，我只有一头青牛。"官吏尹喜说："青牛我不要。"老子说："青牛你不要那你要什么，莫非要老夫的头吗？"官吏说："不要你的脑袋，不过要留下你脑袋里的东西——思想。"老子一想，这不是索贿吗？又一想不对，这文字、文化的东西，索取文字、索取思想不能算索贿啊。实在没办法，写吧！于是千古不朽的《道德经》问世了。这官吏尹喜，也不简单，也是圣人，他是老子的唯一学生。孔子讲学，弟子很多，贤者就七十二人，颜回、子路这些人天天跟着他，孔子也不嫌烦，诲人不倦。老子呢？他老人家就一个学生，还图省事，把讲义哗哗一写，不理学生，走了！官吏拿起一看，哎呀，这个老师可不得了啊，这个文字写得太棒了，一种掌握了语言和哲学的大师的风范跃然纸上，不得了，赶紧回家扫描，哇！一扫，印了五百多份，各处一发。全国舆论沸腾，这么好的人怎么放跑了？又有人说了，正因为老子离开了这里，不再回来了，他的书才更有价值呢。

其实老子没有跟我们告别而是走向了永恒的历史长河，而他的思想就像春雷一样四处回荡。现在我们大家要共同努力，让他的声音响彻全球，那不只是我们中国人的福气，更是世界人民之福。

【观　众】老师，你能给我们讲讲老子这个人吗？比方说他有没有结婚，有没有生孩子，有没有爱情。谢谢。

三个问题啊，老子有没有结婚，有没有生孩子，有没有爱情。老子结婚没结婚，没有记载，但是，老子有儿子，有后代，这个《史记》里有记载。所以，他当时应该是结婚了。至于有没有爱情，于史无载，不敢妄言。不过《道德经》在爱情婚姻方面谈得非常多，以后我们会专门讲到。你想了解婚姻的秘诀吗？你想认识女人吗？你想认识男人吗？请读老子吧，他会让你恍然大悟。

【观　众】问一下，老子怎么看吃肉的问题，人为什么能吃动物？

老子没谈这个问题，因为老子是一个哲学家，没有像佛教或者耶稣基督谈那个哲学，老子后的道家代表人物庄子谈过这个问题，他说"蔬食而遨游"，有素食的可能。老子虽然没有具体谈，但是从《道德经》的自然推理来看，可以看出老子的主张是人和动物之间和谐，主张节制，主张人和自然的和谐。我认为他是倾向于素食的。老子是给我们一个可以活动的空间，给我们一个思想方法而已。到底这个事应该怎么解决，我们是可以判断的。后来的道教尊老子为祖，是主张素食，不吃肉的。

【观　众】我有一个问题，《道德经》是出于老子一人之手还是经过许多人的逐步完善，经历了很长的历史时期才最后定型的。老子的生平资料如此之少，如何能断定一定出自他手。我有一个鼻烟壶，朋友送的，上面画的是老子出关图，有点儿神话的意思。

老子的生平，《道德经》是否出自老子一人之手，很多学者都提出过质疑。有人说，《道德经》是西汉时期最后成书的，某句话如何如何，但是考古一次一次证明这些人的错误。《道德经》的文字不断出土，证明老子的情况非常接近司马迁的描述。我个人的观点是，

《道德经》可能有后人加的一些东西，但总体上是一个人所为。因为《道德经》的思想是前后一贯的，体系严整，用词造句非常统一，语言风格全书是一致的。有一本书叫《孔子家语》，是在孔子家发现的，其中也提到老子。所以根据这些文字记载，可以确定是有这么一个人的。当然，因为资料太少，显得有点儿神秘。老子出关图呢，当然也是出于人们对老子的尊重。有记载说老子骑了一头青牛，到了函谷关，官吏看见有紫气（有句话叫紫气东来，就是说这事儿），就意识到会有一个圣人来，出来一看，是老子。不过这不是司马迁说的，是后人编的故事，很古老，但不见得是历史。有些事，也许有，也许没有，但故事流传到现在，这就够了。

宇宙间最好的表演就是宇宙

　　哈姆雷特说："人类是一件多么了不得的杰作！多么高贵的理性，多么伟大的力量，多么优美的仪表，多么文雅的举动。在行为上多么像一个天使，在智慧上多么像一个天神。"这就是为什么哈姆雷特糊涂昏乱。他以为人类比世界还大，于是他的问题超出了他的控制。谁同意人类如此伟大？乌同意吗？蚂蚁同意吗？猴子同意吗？甚至猫都不同意人类如此伟大。只有狗，经过一万五千年的驯化，狗同意人类是"世界的精华、万物的灵长"。如果只有你的最好的朋友认为你了不起，你通常就不会真的了不起。请仰观灿烂的星空。多么壮观的表演！宇宙这么大，而我们这么小。如果我们觉得自己小，我们的问题也小。让群星引导我们到超越生死的空间。在那里，我们就会知道，宇宙间最好的表演就是宇宙。

绘画及说明文字：赵启光

第二讲

老子的教导：要懂女人——
尊重的涵义

现代与古代相逢

两种现象的交汇处是最美的。例如，高山与平原的交汇，显露出山的伟大；海洋与陆地的交汇，展现出大海的浩瀚。古代与现代接触的地方，中西文化相碰撞的地方，就像海滨和山麓图画般绚丽多姿。

绘画及说明文字：赵启光

老子是世界上最懂得女人的智者。在这方面可称天下第一。

有一个古老的笑话说，在男女的争论中，最后一句话一定要由女人说，如果男人再加一句话那就是一场新战争的开始。从古到今，从中到西，男人都有一个问题，这个问题答好了，海阔天空；答不好，凄凄惨惨戚戚。那就是女人是什么？她们是怎么想的？她们要什么？这个问题回答得最好的，那就是我们的老子，当然他的答案不是很具体，但是他给了一个非常好的切入角度，在这点上，是世界上其他哲学家没人能够匹敌的。可以说他是世界上第一个女权主义者，因为他通过阴阳转化的观察看出了男女之间的细微的关系。

那么女人到底要什么呢？我给大家先讲一个故事，这个故事出自乔叟的《坎特伯雷故事集》。在故事中，他提出了一个问题，就是我们刚才说的那个男人百思不解的问题，他还给出了他的答案，我们大家看看他的答案对不对，然后我们再用老子的角度，对他的答案进行一下分析。

乔叟是14世纪中叶到下半叶的英国作家，相当于我们中国的元末明初。他的问法会使现代女性感到不舒服。那么我们应该知道，要以历史的眼光看。我在美国教比较文学，课名是"善与恶"，其中就讲到这个故事。

《坎特伯雷故事集》是十四世纪后期英国现实主义故事小说。作者乔叟（约1343—1400）为英国诗人。他在最后15年里从事《坎特伯雷故事集》的创作。无论在内容和技巧上都达到他创作的顶峰。他首创的英雄双韵体为以后的英国诗人所广泛采用，被誉为"英国诗歌之父"。

有一个骑士，犯了一个弥天大罪，要被法庭判处死刑。当时有个习惯，国王有赦免权。因为这个骑士非常英俊，是个帅哥，所以就有很多贵夫人向国王求情，说这个骑士呢知罪啦，以后不再犯了，是不是免他一死。国王说："好吧，我把这个裁判权交给王后吧。"王后答应了，她对骑士说："我可以免你一死，但是你要回答我一个问题，你答对了我就免你一死。女人最想要的是什么？我给你一年零一天的时间考虑这个问题，你如果答得圆满，我这些贵夫人，公爵夫人、伯爵夫人、男爵夫人都满意，我们大家投票决定是否免你一死，你去调查去吧。"一年零一天中，骑士走遍了英格兰、苏格兰、爱尔兰，调查询问各种妇女，问女人最想要的是什么。有的人说，女人最喜欢漂亮的衣服，这个骑士说："不对，这个答案救不了我的命。"有个小女孩说："我妈妈做饭的时候我最高兴，我最喜欢吃她做的饭。"这个当然也不行，救不了骑士的命。有个女人说，每个女人都想成为寡妇，好再嫁。骑士说这也太……有几个智者帮助他分析，这个不行，那个过不了关。到一年结束的时候，这个骑士没有找到满意的答案，估计自己的小命不保了。有人说："你也不要妄想，因为没有一个男人能答上这个问题，你答不出来也是情有可原的，你就随便挑一个碰碰运气吧。"这个骑士就沮丧地在草地上走，走啊走啊，看着远处有 24 个青春少女在跳舞。西方神话常有这样的情节。他就走过去了。旁边坐着一个又丑又老的老太太。他就过去问这些女士："我想请教一个问题：女人到底想要什么？答对了我这个命能保住；答不对，国王王后，还有贵夫人组成的陪审团要要我的命，你们救救我吧。"这些女孩子说："我们都答不了，旁边这个老太太，她是最聪明的人，她能回答。"骑士就走到她跟前，把刚才的话又说了一遍。老太太说："这个问题我可以回答你，但是我有一个条件，要是我答对了，你活了命，你就得娶我。"骑士心想，老太太又丑又老，我不愿意娶她，可命要紧哪："行，我答应你，你告诉我答案吧。"老太太趴在他耳边一说，骑士说："这行吗?"老太太说："你去吧! 没问题。"骑士就回到宫殿，向王后陛下禀告说："我认为女人最想要的是……"王后一听，当时就微微一笑，跟周围的这些公爵夫人、伯爵夫人一说，说这个女士是这样回答的，女人最想要什么什么什么，全体贵夫人都点头，可以免他一死。

　　咱们想想，他答的是什么呢？女人最想要的是什么？青春？爱情？自由？安全？幸福？这都是我们现代人的愿望。大家知道，这个故事发生在欧洲中世纪，是文艺复兴前夕，中世纪末期。我们看看乔叟是怎么说的："他答得跟大家都不太一样，这个老女人告诉骑士，骑士告诉王后，王后告诉当时全体贵夫人，贵夫人都同意免了骑士一死的这个答案是：全世界的女人都想让男人听她们的话。"大家想想，那些公爵男爵们喜欢打猎，比如去猎狐。夫人们一定会说："你回来吧，别猎狐了，咱们在壁炉边谈谈怎么样？"公爵男爵们当然不干了。所以对这些贵妇人来说，丈夫听话是最大的追求。

好了，这骑士被赦了，高兴啊，一出门，老太太在门口等着呢，说你还答应我一件事情啊。骑士说："哎哟，我回去吧，让王后处死我得了。"老太太说："你不能反悔啊，骑士的荣誉最重要，你不是骑士吗？"中世纪骑士尊重妇女，不管真的假的。老太太说："你不是答应过我吗？不是骑士吗？所以你必须娶我。"这个骑士没辙了。王后说："你既然答应她了就要娶她，两人就结婚吧。"婚礼非常凄惨，没有欢声没有笑语，骑士就在那儿发愁，老太太就过来了，说："你为什么不高兴啊？"骑士说："那当然。为什么呢？不喜欢你呗。"老太太说："那你是愿意喜欢一个青春美貌不忠实于你的人呢，还是愿意喜欢一个关心你、爱护你、帮助你、救你生命的人呢？"乔叟的诗语言是非常漂亮的。总之老太太说得骑士心花怒放。骑士一跺脚说："好，我们结婚吧，我愿意。"第二天，老太太说："明天你的愿望都会实现的，我也可以对你好，你想娶的女人呢，也会由于你的爱而出现，所以请你吻我一下吧。"骑士就亲吻了这个他所不喜欢的老女人，吻完抬头一看，上帝呀！眼前出现的是一位年轻美貌、风情万种的公主，两人从此幸福地生活在一起。这个故事很有名，叫做《巴斯夫人的故事》。对于这个故事，不同的人有不同的看法，有赞成的，也有反对的，这些我们暂不讨论。咱就看看这个故事说明了什么问题，大家说，这个故事说明了什么问题？

【观　众】这里其实还是暗含了一个男女地位的问题。那个时代男的在外面就是干活，挣钱养家啊，女的可能在家处在比较被动的位置，从属的地位吧，但她又渴望着自己受重视，被关爱，她希望她的话能够被重视。实际上在那个时代，她是不被重视的。

很好。我希望吃饭，那说明很饿，对不对，我希望喝水说明我很渴，希望控制男人其实是她没有地位的表现。

咱们今天关心的不是《坎特伯雷故事集》，不是上比较文学，也不是这个文学评论家，咱们是讲老子。看看老子这方面有什么高见。女人首先是善良，我虽然不美，但是我很善良。善良是一个更好的品质，如果我们善良，就可以创造爱情，表面的美并不重要。西方有一

《道德经》七十九章：和大怨，必有余怨，安可以为善。是以圣人执左契，而不责于人。有德司契，无德司彻。天道无亲，常与善人。

《道德经》二章：天下皆知美之为美，斯恶已；皆知善之为善，斯不善已。故有无相生，难易相成，长短相形，高下相倾，音声相和，前后相随。

句谚语：美丽只有皮肤这么深。很浅，美貌可以持续一段时间，但善良是永远在心里的。老子有一句话："天道无亲，常与善人。"天的道是不亲近谁或排斥谁的，是公正的，并没有亲疏。"与"是给，善人，经常赏赐给善良的人，"给"什么？老子没有说，老子给我们出了一道填空题。刚才我们也填了，自由、幸福、爱情，刚才那位同学说的，取得平等地位，是给善良的人。所以善在老子看来是更重要的。老子在很多地方谈到善。"天道无亲，常与善人"，这个老丑的女人变成一个漂亮的年轻的公主，是一种寓言，并不见得真的转化。在爱的面前呢，人生可以绽放出美丽的花朵。只要有真的火花迸现，外在的容貌就并不显得那么重要了，而真的相爱是更重要的。女人应该具备善，这是乔叟在一定层次上的观念。老子还说过一句话："天下皆知美之为美，斯恶已；天下皆知善之为善，斯不善已。"天下皆知，整个天下，全世界；皆知，都知道；美之为美，美丽是美的；斯恶已，这就是丑了。天下都说这件事是美的，这件事就丑了。皆知善之为善，斯不善已，都知道善是善，这件事就不善了。

老子想说什么呢？说美和丑是互相转化的，美可以变成丑，丑可以变成美，这是第一。第二，大家公认的美和丑和你认为的美和丑，不一定是一样的。大家都说这个老太太是个丑的女人，但是在你心目中她可能是一个西施，情人眼里出西施。其实老子也在说这样一个话，善和美，美和善是可以互相转化的，而美和善本身的价值也是由你自己判断的。这里最关键的问题就是"动"，变化。世界是变化的，人生也是变化的，没有永远存在的东西。你今天以为美的事呢，明天不见得美，今天以为丑的事，明天也不见得丑。如果不是变化，世界上就没有离婚了，结婚的时候，很少有人说你结婚是为了将来离婚的，那么为什么现在离婚率这么高呢？这美和善发生变化了，我以为你是好人结果你不是好人，你看昨天她那么漂亮今天怎么这么丑啊，这个丑当然是说在心里的。美和丑，善和恶是变化的。

老子呢，是天下第一个认真对待妇女的人，而且他提出了很多尊重女性的观点，比如说，他说："天门开合，能无雌乎？"天上的门开啊关的，能够没有母性吗？"谷神不死，是谓玄牝"。他说的这个谷神，谷是山谷，也有人说是生命，生命之神之所以存在，是因为有玄牝。老子也经常用这个"玄"字，牝是雌性的意思。谷神不死，生命之神不死，永远存在，是因为有了神秘的女性。老子怎么就有这么高的见解，为什么他就能看出这些事情来呢？那是因为老子有一种辩证的思想。老子说："有无相生，难易相成，长短相形，高下相倾，音

《道德经》六章：谷神不死，是谓玄牝。玄牝之门，是谓天地根。绵绵若存，用之不勤。

《道德经》二章：故有无相生，难易相成，长短相形，高下相倾，音声相和，前后相随。是以圣人处无为之事，行不言之教。万物作焉而不辞。生而不有，为而不恃，功成而弗居。夫唯弗居，是以不去。

声相和，前后相随。"有和无，是互相可以生的，有可以变成无，无可以变成有。对立的方面都是互相变化的。难易相成，难的事情和容易的事情是相辅相成的。长短相形，长和短因为两个比较而产生。你为什么说他是长啊因为有短啊，为什么说短，因为这里有长。

强者和弱者，也是可以互相转换的。当时男性占有统治地位。老子从哲学角度，从弱的一方面也可以变成强的一方面，看出弱的一方面的力量。女性社会地位也是一种暂时的，不是永远如此的，弱不见得就是永远弱下去，"谷神不死，是谓玄牝"。老子还说："牝常以静胜牡"，牡是男性的意思，牝是雌性的意思，牡和牝表示男和女。"牝常以静胜牡"，女性因为安静沉稳的力量，反而战胜了男性的浮躁和表面上的力量。

我们再讲一个故事，看看牝怎么能够胜牡。欧洲有一个国王，叫康拉特三世，是一个攻无不克、战无不胜的英雄。在一场战争中，他把敌人完全包围在一个城市中，这敌人就是巴伐利亚公爵。巴伐利亚现在是德国的一个州，古代德国有很多小国，巴伐利亚是一个国。康拉特三世把巴伐利亚公爵和他的部队围困在城中，不日可下。巴伐利亚公爵和康拉特三世有不共戴天之仇。康拉特三世宣称：破城之后，巴伐利亚公爵和他的死党一个不留，全部杀光，一雪前仇。巴伐利亚公爵带领他的

《道德经》六十一章：大国者下流，天下之交，天下之牝。牝常以静胜牡。以静为下。

部队，和城里的男女老少，誓死不降。后来巴伐利亚公爵说，我也是骑士。骑士在欧洲，有尊重妇女这条。康拉特三世说：得了，我有点儿骑士风度，我跟巴伐利亚公爵有仇，和巴伐利亚这些男士骑士士兵有仇，我就把男的杀光。女的呢，我打开城门，放你走，我今天好人到底，不光走人，你能带走什么就带走什么，凡你能扛得动的东西你都可以带走。

那天下午2点38分开城门，到4点半，女人全部离城，能带走什么带走什么，粮食也好，水也好，家具也好，细软也好，都带走。剩下的巴伐利亚公爵和他的士兵，准备决一死战。此时巴伐利亚公爵已经没有战斗力了，他们弹尽粮绝，只有等死了。时间到了，城门一开，围城的康拉特三世和他的士兵全愣了，一个从来没出现的奇景出现在他们面前：巴伐利亚城里全体女士走了出来，大人孩子每个人肩上都扛着一个男人，巴伐利亚夫人都扛着巴伐利亚公爵走了出来。骑士最重视的是荣誉，是然诺，一诺千金。你说可以带走什么就带走什么，好吧！现在我把我自己的丈夫带走，母亲把儿子带走，剩余一个小女儿把父亲带走。欧洲中世纪骑士武装非常沉重，铁甲非常重，你把铁甲脱下来搁在地上站着也不倒的。瘦弱的女人就扛着她们穿着铁甲的男人，走出了城门。康拉特三世是一个百战沙场的铁石心肠的人，看到这个景象，也流下了眼泪。这些女人用自己瘦弱的双肩挽救了她们的丈夫、父亲和孩子。康拉特三世传令：不许进攻。巴伐利亚全城男士都坐在女人的肩上，离开了城市，而两个国家从此就实现了和平。男人的愚蠢、残忍，败给了女人的柔弱的双肩：康拉特三世被感动了。

读这个故事，我总有一种感触：其实女人肩头担起了太多太多的责任，她们用自己的柔弱双肩支撑着社会的发展，而男人常常是坐在她们肩上。男人喜欢征战，可在战争中，女人会承受多大的牺牲！母亲也好、妻子也好、女儿也好，从另一个角度说，实际上是她们扛起世界的。战争中，经常是女人在家生产，男人在前面打仗。这个故事从一个侧面说明了牝常以静胜牡。

《哈姆雷特》有一句台词："软弱，你的名字是女人"（frailty, thy name is woman，通常的译法是：女人，你的名字叫软弱），女人是软弱的，莎士比亚反过来说，软弱，你的名字是女人。哈姆雷特用这样的话谴责他自己的母亲，因为他母亲和他的叔叔合谋杀了他的父亲，然后帮他叔叔取得了王位。有人根据这句话就说莎士比亚是大男子主义等等，这就有点过了。有时候说一句话，跳进黄河都洗不清。孔子说："唯女人与小人为难养也，近之则不孙，远之则怨。"于是孔老夫子也背上了歧视妇女的黑锅，跳进黄河也洗不清。这里不详论。巴伐利亚妇女的肩膀是很柔弱的，但她们可以扛起背起这么重的东西来。

老子这种思想别人是不是领会了呢？在中国历史上，儒家占主导地位，但是也不排除在某些历史时期，道家学说较为流行，比如在魏晋时期。

魏晋时期，道家学说有很大的发展，知识分子论道谈玄，成了一时的分气，即所谓的魏晋风度。魏晋的名士都有一个特点，很重视自己的外貌，肯让自己女性化，就是美，亭亭玉立。常说女为悦己者容，士为知己者用，不说男为悦己者容，因为男人掌握着经济命脉，车是我买的，房子按揭是我付的，我穿着破背心有什么关系呀，你嫁到我家来了，我看中的是你的美丽，你不打扮，天天穿得破衣烂衫，我看你不顺眼，对不起，那你走人吧。但是有一天男人也注意打扮，男人也注意美，那就是男女平等的开始。魏晋时期，当时的名士都有这种思想，这体现了老子对女性的尊重，而这些男人愿意自己美。

魏晋名士爱美可以举出好多例子，比如说何晏。何晏是谁呢？他是晋朝的名士，他祖父是大名鼎鼎的何进。大家知道，何进在汉灵帝时任大将军，是国舅，皇帝的舅舅，外戚集团的首领，在与宦官集团十常侍的斗争中事败被杀。

何晏很漂亮，喜欢到河边看自己的影子，顾影自怜。魏文帝曹丕知道何晏特别漂亮，脸非常白，像是擦了粉一样。有人说何晏可能擦粉了，也有人说不至于吧。魏文帝说，咱们试验试验吧。就选了个大热天，宣何晏进宫殿吃汤饼，结果吃得满头大汗，那时候也没空调，一出汗就得擦，心想要是何晏擦了粉，一擦汗，不成熊猫也得满脸花。可是何晏越擦越唇红齿白，光彩照人。

潘安大家应该很熟悉，"貌如潘安"说的就是他，中国著名的美男子。何晏的美受到皇帝的关注，潘安则得到女性的青睐。潘安每次出门，街头的那些女孩子们就牵手共迎之，大家手拉手，把他围起来，然后用鲜花和果子向他投掷。所以他每次出门都带着大包小包的水果鲜花回家。魏晋时代很有意思，一个人走在街上，女孩子看见这人漂亮就拉着手围着他然后拿花果来投掷他。为什么？因为在那个时代，道家占思想的统治地位。在这个时候，男女较为平等，女人是比较自由的，而且男人愿意吸引女人的注意。有意思的是，看到潘安天天水果鲜花风光无限，出了一个效颦之人。他也出去招摇，结果呢邻居共啐之，拿唾沫啐他，你怎么这么讨厌。这就从一个角度证明我所说的是对的，老子是女人的最好的朋友，他是第一个女权主义者，在他的思想占统治地位的时候，妇女地位就会提高。

卫玠也是个美男子，长得很漂亮。他出去以后大家都看他，他有时坐船出门，大家都围观。结果有一次被围观得有点猛了，被看得很难受，回家就死了，有一句话叫"看杀卫玠"，卫玠活活被看死了。现在咱们这些大腕，影星，看不死，越看他就越得意，还给你签名，没事。那个时代条件不太好，坐船上大家围观一挤一热，给活活看死了。

最后一个例子，桓温，也是个美男子，很漂亮。在他之前有一个叫刘越石的，超漂亮，大家都公认，刘越石是最英俊的帅哥。桓温有一天在刘越石故居碰到一个老太太。这老太太一看见桓温就哭了，桓温说："你怎么哭了？"老太太说："我是刘越石家的丫鬟，我看到你我就想起刘越石来了。"哎呀，桓温一听太高兴了，那好呀，我像刘越石！"你说哪点像呀？"老太太说："哎呀，你这个胡子挺像，可惜红了点。你的个头挺像，可惜矮了点。你的身材挺好，可惜比刘越石胖了点。你的脸色挺好，可惜比刘越石苍老一点。反正都很像，总是差一点。"这桓温听了很郁闷，郁闷了好多天，心想老太太是夸他呢还是在批评他呢。

那个时代大家明白一个道理，叫做"知其雄，守其

《道德经》四十二章：道生一，一生二，二生三，三生万物。万物负阴而抱阳，冲气以为和。

雌"、"万物负阴而抱阳，冲气以为和"，就是说世界上都有阴阳两气，在男人身上具备了一些女性的美，更是创造了一种新的精神风貌。但这个时代为时不长，很快就消失了。以上这几位帅哥无一例外都是道家。何晏，就是道家，很有名的道家，写过很多书，有独创的见解。道家有很多学派，他是"无"的这个学派，"以无为本，贵无贱有"。这么深沉的思想和他的外表是结合起来的，说明他是懂得老子的。老子这种无的思想，在他心目中占有很大地位。

说完古代我们再说现代。比如说胡适先生，他有一个"三从四德"的故事，坊间有很多版本，但源头是胡适先生。

这个故事讲得很巧妙，从"三从四德"说起。"三从"是在家从父，出嫁从夫，夫死从子。"四德"是德、言、容、工。德是道德的德，要守妇德。言，话要说得好，要温柔，要体贴，要得休。容，还得打扮，女的要打扮。工，在家缝纫东西，刺绣等等。胡适创造了一个新的"三从四德"，我们不说胡适是道家吧，起码他是想反这个三从四德。

胡适在国外留学的时候，有一个朋友给他寄了十枚银币。这银币上写了"PTT"，PTT是缩写。胡适说PTT是怕太太。他说我组织"怕太太协会"，我的朋友一人寄一枚银币，咱们都是怕太太协会。胡适夫人是小脚老太太，但胡适一生与夫人关系很好，大概是没有什么婚外恋之类的东西。胡适非常风流，非常有学问，但是这个事情处理得是很好的，家庭关系很好，他怕太太，要成立"怕太太协会"。怕太太协会有"三从四德"。先说"三从"。第一从，太太的命令要服从；第二从，太太出门要跟从；第三从，太太说错了要盲从。四德呢？太太花钱要舍得；太太化妆要等得；太太的生日要记得；太太的打骂要忍得。胡适很喜欢开玩笑。但这个玩笑不是一个简单的玩笑，其中体现了男女平等的意识。大家可能觉得有点夸张，不过矫枉过正，我把你三从四德反倒另一个极端去，所以胡适先生的家庭关系很好。

现在我们回过头来看老子，我们说他最了解女人，他在哪些方面了解女人？他给女人创造了一个什么形象呢？刚才说他尊重女人，我们都承认了，刚才说了。老子对女性的美有过什么描写？

第一，他认为女性（阴性）是静的，静的美。这个静可是太美了，宇宙的本质是静的。现在我说话你听见了，为什么？因为有声波，在空气中传动。可是空气在宇宙中占的地方太小了，环绕地球而已，出了地球听不到声音。宇宙中的本质是静的。喧闹只是一种我们周围的环境，静的力量是一定会战胜喧闹的力量的。所以这

燕妮同学，老师要告诉你多少遍；我们只能离地悬空飞行五英寸

　　在我们的课上，我虚构一个叫燕妮的学生。她聪明执拗，不时跟老师挑战，找找讲解中自相矛盾的地方。这想象的燕妮故事成了全班的笑料。一次燕妮在课上听到天使之所以能飞，是因为天使把自己想得很轻。燕妮决定也把自己想得很轻，于是，燕妮飘飘然白日腾空，越飞越高，学生们只好对她大喊："燕妮，别飞了！在太极入门课，我们只能离地悬空五英寸。我们老师要告诉你多少遍：更快、更高、更强是奥林匹克的口号，我们的太极口号是更慢、更低、更弱。"

绘画及说明文字：赵启光

雌呢，母性呢，牝呢，是和静联系起来的。老子说"牝常以静胜牡"。牝，女性，常以静战胜男性。"静胜躁，寒胜热，清静为天下正"。静胜躁，安静战胜了浮躁。寒胜热，寒冷战胜炎热。老子说，这是必然的。老子从反面看问题，从阴性看问题，知道弱要胜强，阴要胜阳。我们学老子，不是说背几个老子的词，而是掌握他的思想看法，掌握他看问题的角度，那我们才是智者。"清静为天下正"清清静静才是天下正道。老子塑造了一个女性的静的美，而这静的美是要战胜浮躁的。静是沉稳，清静，美丽，深沉。

　　第二，是弱。弱好像是坏事，前面提到莎士比亚说的"软弱，你的名字是女人"。莎士比亚都说了，老子说，对，我同意。但是呢，"强大处下，柔弱处上"。我在美国教《道德经》，我跟大家练太极拳。奥林匹克口号是什么？更高，更快，更强。可是练太极拳，要更低，更慢，更弱。柔弱，静。什么是静？匀速运动。牛顿定律，物体不受外界影响，就会保持匀速运动状态，地球上有匀速运动吗？没有。为什么？地球的引力，还有阻力。但是把飞船送出地球去，它在宇宙中是匀速运动的。匀速是本质，加速度是地球上的独特现象，万有引力是这个星球表面的独特现象。所以静是对宇宙本质的模仿，我们和宇宙中的最高的秘密挂上钩了，这是老

《道德经》四十五章：大成若缺，其用不弊。大盈若冲，其用不穷。大直若屈，大巧若拙，大辩若讷。静胜躁，寒胜热。清静为天下正。

《道德经》七十六章：人之生也柔弱，其死也坚强。草木之生也柔脆，其死也枯槁。故坚强者死之徒，柔弱者生之徒。是以兵强则灭，木强则折。强大处下，柔弱处上。

子的理想。而这种思想，是属于雌的，是属于母性的。所以呢，弱并不是缺点，所以老子说"强大处下，柔弱处上"，"柔弱胜刚强"。

关于美，老子有独特的见解。他认为美是相对的。"天下皆知美之为美，斯恶已；皆知善之为善，斯不善已。"老子不允许美造成一种社会压力，美和善是联系起来的，而不是说必须要有某种美。现在大家一窝蜂地追求美，都去做美容手术。大家都说美呀美呀怎么样。最可怕的一种美容手术，把腿砍断了，中间加上一个钢块，让腿长一点。为什么呢？高个好，腿长好，为什么非得这样呢？因为外国人的腿长是直的，咱们认为自己不行。把中间拉断，加个钢块。残忍不残忍啊？老子说"皆知美之为美，斯恶已"，我认为这种做法是非常丑恶的。所以，老子对美有他独特的见解。他也是认为弱就是美的，静就是美的。所以老子这种沉稳、安静、大度、开放、解放、宽容、理解、善良，这种美要超过了表面的美，这是老子对美的见解。

《道德经》六章：谷神不死，是谓玄牝。玄牝之门，是谓天地根。绵绵若存，用之不勤。

还有，老子认为女性有一种缠绵之美。老子说："谷神不死，是谓玄牝。玄牝之门，是谓天地根，绵绵若存，用之不勤。"这以后我们还要说，"谷神不死，是谓玄牝"，这个我们已经说过了。"玄牝之门，是谓天地根。"生命之身是永存的，是母性之美，母性的门户是

天地的根本。这个天地的根本是绵绵若存，若存若亡，
缠缠绵绵的，用之不勤，怎么用怎么有，是永远存在
的。是一种缠绵的，持久的，连续不断的绵绵的美。这
在老子看来是女性的一个特点，因为它是玄牝，是绵绵
的，是缠绵的，蜿蜒不断的，是曲折的，是多彩多姿
的，是沉静的。而喧闹、战争、勾心斗角、压迫，这些
东西并不美，在老子看来，也是一种阳，这种阳要被阴
和柔所战胜。

　　还有一种特点是细、小。在大和小中，老子一定会
强调小的。英语说小是美的。老子说"大小多少"。什
么意思呢？把小的加大，把少的增多。我把小可以看成
大的，把少可以看成多的，小放大，少增多。"大"和
"多"是动词，这个"大小"和"多少"是动宾结构。
小东西我可以看成很大。现在人常说女的小心眼，妇女
小心眼，太仔细。男的大大咧咧，好话；女的小气，小
气是坏话。老子的处理办法是"大小多少"。老子还说：
"天下大事，必作于细。"天下的大事情，要从细开始，
从小开始。细者，小也。所以呢，雌性的重要特点是
小、细，仔细。

　　《道德经》在一定程度上是一种对弱者的赞歌，对
事物转化的承认，对精神解放的追求，是一部弱者的天
书，充满了同情，充满了感情，是一部壮丽的人生交响

《道德经》六
十三章：为无为，
事无事，味无味。
大小多少，报怨
以德。图难于其
易，为大于其细。
天下难事必作于
易，天下大事必
作于细。

曲，是非常伟大的诗。一个感觉自己精神痛苦的人，一个走投无路的人，要打开《道德经》那就是沙漠甘泉。可惜这么一本宝书，大家不太知道。你不知道，翻译成多种外文，很多外国人都喜欢《道德经》。我在美国教《道德经》，学生排队登记，排不上队，有时候学生不能获得听课资格。在中国学校教未必有这么多学生，为什么？大家没有注意到我们的宝贵财产，将来有一天，人家拿去申遗去了，大家又着急了。

对女性的赞美和分析，老子有一个总结。"我有三宝，持而保之：一曰慈，二曰俭，三曰不敢为天下先。"我有三个宝贝，第一个是慈爱，第一就跟母性有关系；第二是俭朴、简单，现在好像人们是越浪费越好，炫耀性消费，自己花钱还不算，还得让别人看见，好像俭朴不是好事，老子说了，俭是好事；第三，不敢做什么事情，比别人都做到前头去，就是让别人走在前面，我走在后面。从这里我们可以看出，老子是第一个女权主义者，是第一个对妇女提出正确认识的哲学家。而他的认识对我们也有一点指导意义。

《道德经》六十七章：我有三宝，持而保之：一曰慈，二曰俭，三曰不敢为天下先。慈故能勇，俭故能广，不敢为天下先，故能成器长。

第三讲

老子的教导：要懂女人——
和谐的婚姻

美丽只能欣赏不能占有

老子说："生而不有，为而不恃，长而不宰。是谓玄德。"真美只能欣赏不能占有。比如雨后的彩虹，晶莹剔透虚空缥缈，谁也抓不到。雨后凉意初透，彩虹横空，人们只有仰观赞叹的分儿，没有人傻到要拥有。这就是彩虹之美。在这美的面前，谁也不能争功，谁也不能掺乎。企图占有美就是摧毁美，西方有谚语说："彩虹的终端有一坛金子。"请记住，彩虹本身比它终端的金子更美丽。

绘画及说明文字：赵启光

　　上一讲我们讲过，老子是妇女的好朋友，是第一个女权主义者。他对牝或者雌或者母性，有一个非常深刻的、本质的认识。接下来我们就要探讨一下如何正确处理男女关系的问题，看看老子在这方面给我们什么有益的启示。我们这一讲呢，就是讲夫妻幸福的秘诀。这个问题非常重要。如果大家回答好这个问题，在人生道路中就有很多幸福；如果回答不好，就会有很多困难。事实上，我国的离婚率最近有所提高。根据民政部的调查，北京的离婚率达到百分之三十九，这和美国（百分之五十左右）已经是很接近了。去年全国有近一百七十万对夫妇离婚，一百七十万对破裂了家庭，原因何在？怎么样解决这个问题呢？我们有很多方法，那么今天我们试图从我们古代的哲理中发现力量，看看老子对如何处理好夫妻关系是怎么看的，我们向老子请教。

　　离婚率高有很多原因。托尔斯泰说过："幸福的家庭都是相似的，不幸的家庭各有各的不幸。"所有的幸福家庭都是一样的，不幸的家庭都是千奇百怪，各式各样的。我们先看一段故事，分析一下这个不幸是如何形成的。一对夫妻，坐在桌旁吃饭，又到了看世界杯的时候了，男人的眼睛啊在世界杯上，目不转睛。女人来了，把饭往桌上"啪"一摔："看什么看？足球能当饭吃吗？你是客人吗？得请你吃呀！"男人叹了一口气，想起四年前看上届世界杯。那时他们正谈恋爱，意大利队夺得了世界冠军，男的是意大利队的粉丝，他们俩双双走到外面一家小餐馆。那时女孩子是何等的温柔："再吃点吧，今天你高兴，我也高兴。"男的说："你喜欢吗？"女的说："我喜欢啊，你喜欢什么我就喜欢什么。"男的登时觉得一股春风吹拂在脸上。可现在呢？幸福现在上哪儿去了呢？什么事情做错了呢？原因何在呢？这只不过是一幕，有一百七十万的故事发生了，都是类似的情景。还有一个故事，和这个故事形成一个对照。也是一男一女，两个人都很贫困，在逃难之中。饭做好了以后，女的把饭搁在一个盘子里，端起来，抬到眉的一样高度。男的接过饭，也抬到眉一样高度，两个人互相致敬，在贫困中不忘互相尊重，这就是我们熟悉的举案齐眉的故事，主人公是梁鸿和孟光。他们当时给人做佣工。主人看见这样的佣工，夫妻之间如此敬重，举案齐眉，受到了感动，就待梁鸿为上宾。结果梁鸿受到了主人的尊重，走上了仕途。以上两个故事说明了什么？我们恐怕在老子的智慧中能够找到一些答案，那就是有一种不争之德。我们说老子主张无为，主张不争。有人说这很消极，但是不一定，在家庭中，清官难断家务事，你争得清楚吗？老子说过："夫为不争，故天下莫能与之争。"如果你不争，天下人都不会与你争。这

《道德经》二十二章：不自见，故明；不自是，故彰；不自伐，故有功；不自矜，故长。夫唯不争，故天下莫能与之争。古之所谓曲则全者，岂虚言哉！

种互相尊重，这种举案齐眉，可能你说是装的。你装装看，你装一次是装的，装两次是装的，你装十年二十年就不是装的了。这就是刚才说过的大小多少，把小事当成大事。千千万万的大堤垮塌都是一个小洞造成的，无数的悲剧都是一件件小的事情造成的。外国人离婚率高，但是，有一点值得我们学习。我在国外生活了三十年，看到他们夫妻，就是相敬如宾，在离婚的时候很少横眉立目吵架的。当然了，房子该怎么分怎么分，财产该怎么分割怎么分割，倾家荡产也可以。但是横眉怒目的情况很少，当众吵架的，我没看见过。两个人互相见面打招呼，都很客气。男的叫女的，女的叫男的，dear，darling，honey，sweeter，my baby，叫个不停，当着人也这样，亲爱的，这个，甜心等等都这样。我听着老觉得怎么这么别扭，在一块儿吃饭，这女的给男的端杯茶，或者男的给女的倒杯茶，Thank you，honey（谢谢你，宝贝儿）。这中国人听着怎么那么别扭啊？可是呢，老子就说过："美言可以市尊，美行可以加人。"美是美丽的美，言是言论的言，美好的言论，市是市场的市，意思是取得价值，即可以得到尊重。美行可以加人，美好的行为，可以增加你的价值。所以言行不可不注意，这种叫 darling，叫 sweeter，叫 honey，这种故事在我们中国也有，那就是我们说的卿卿我我。

《道德经》六十二章：道者万物之奥，善人之宝，不善人之所保。美言可以市尊，美行可以加人。人之不善，何弃之有。

晋朝的王安丰（这个故事出自《世说新语》），他妻子管他叫卿，卿，客卿的卿，不同时代有不同的意义。在王安丰那个时代，卿用于男女之间，是一种亲密的称呼，当着人是不可以的。可是王安丰的夫人，就当人管王安丰叫卿，就相当于我们现在当着旁边人叫亲爱的一样。王安丰说："你呀别当人叫我卿，不好，过于亲密了，有失身份。"王安丰的夫人可不乐意了："亲卿爱卿，是以卿卿。我不卿卿，谁当卿卿？"喜欢你，爱你，所以我管你叫卿。我不管你叫卿，谁管你叫卿呢？这就是成语"卿卿我我"的典出。外国有个歌叫《Say You Say Me》，这也跟这个意思一样。你呀我呀你呀我呀，两个人在恋爱的时候是互相凝视的。你看我漂亮，我看你顺眼。结婚以后呢，应该一起携手向远方眺望，就不要老盯着对方的缺点，不要老想我这婚结的对不对呀，我是不是吃亏了，我们家二姐结婚结的比我好呀。这种思想就会造成冲突。老子说："天地相合，以降甘露。"天和地结合，就会降下甘露，甘露甜蜜，阴和阳的交会，就会创造奇迹。男女相合，在人海茫茫中互相发现，互相携手共进，互相依靠，把自己的生命，把自己的幸福都交给了对方，不可不慎，不可不分别大小多少。你今天摔一个盘子，明天摔一个碗，是对对方的不尊重，是对自己的不尊重，是违反了美言和美行的要

《道德经》三十二章：道常无名。朴虽小，天下莫能臣也。侯王若能守之，万物将自宾。天地相合，以降甘露，民莫之令而自均。

求。老子好像是不太讲理的，但是老子在这方面是很讲究的。天下大事，必作于细。这就是我们从老子身上可以学到的东西，那么这个男女之间择偶的时候有什么标准呢？这有很多故事啊，我们今天既然都坐这儿，我们来一个民意测验，看看大家怎么样回答这个问题。在《西游记》中有师徒四人，是吧。沙僧、猪八戒、孙悟空、唐僧，师徒四人去取经。如果是女性，你要择偶的话，你是喜欢谁？咱们看看这个比例。要是三个人选，你选谁？唐僧，孙悟空，猪八戒，沙和尚？然后咱们再和较大范围的统计数字比较一下，和我们学校的学生一百人的统计数字比较一下，看咱们有没有代表性。咱们就请女士选一下，你如果是一个没结婚的人，你，请你择偶，必须从四者中择一，你是选唐僧呢，还是孙悟空、猪八戒、沙僧？好，咱们请那位帮我统计一下。愿意嫁给唐僧的，所有的女士必须选。愿意选唐僧的有几个？没有。我们待会儿讨论一下，为什么不愿意选唐僧。愿意选孙悟空齐天大圣美猴王的有几人，哪一位数数？五人。猪八戒呢？一人。沙僧呢，两人。为什么不愿意选唐僧，不愿意嫁给唐僧？

【观　众】禁欲。

喔，他禁欲。不结婚，和尚。

【观　众】也不是和尚，他禁欲。

他禁欲。好，还有什么？

【观　众】他太教条了，老想管别人。

太教条了，老想管人家，你都不想管，不爱管，是吧？

【观　众】反正不能被他管那么死。

不能管那么死。就和咱们那个故事很像是吧？

【观　众】我觉得唐僧就是一呆板。然后城府比较深，很多话藏在心里不说。

城府比较深，许多话不说，不能交流，没有交流。好，选孙悟空的有五人，为什么，都谁选孙悟空了？欸，你说说。

【观　众】我觉得他这个人比较有本领，比较勇敢，积极向上，虽然他也有一些缺点，这是很自然的。但是我还是觉得他比较好一些。

好，哪位还选？

【观　众】我觉得选孙悟空人生会比较精彩，反正不会像唐僧那么呆板。

啊，灵活，多样，有能力。嗯，对。选猪八戒的，哪位选猪八戒了，为什么选猪八戒？

【观　众】我其实生活中像猪八戒，他会享受，而且他知道什么叫累，知道什么时候该休息，就是说，怎么说呢？干活的事儿都是孙悟空的，享受的事儿都是猪八戒的。

猪八戒的。哎，对。他还疼老婆，对不对，动不动就回高老庄。

【观　众】对对对，回高老庄找老婆。他一心想着高老庄。

你喜欢猪八戒啊？

【观　众】比较喜欢猪八戒，有这么三条，我代表女士，虽然我是个男士。第一，猪八戒体能好，这个女人都喜欢，男人也喜欢。第二，猪八戒头脑非常灵活，办事非常圆滑，以后会非常有前途，因为我们都要投这个绩优股嘛，猪八戒是个绩优股。第三，猪八戒出身名门，他那个前身是什么元帅？

天蓬大元帅。

【观　众】哎，天蓬大元帅。我喜欢那种贵族出身的。当然我也喜欢。如果我是个女士的话，我一定会选猪八戒一票，谢谢。

你可能也听过一些女性朋友跟你讲过大概她们这种思想状态，是吧？哪位女士选沙僧？

【观　众】我觉得沙僧忠诚，厚道，又有力气，又有本事，也很本分，没有那么些花里胡哨的东西，让人放心。

可以靠得住。

【观　众】哎，靠得住，很好，有安全感，找个男人没有安全感，真是提心吊胆的，孙悟空咱不敢要，没有安全感惹是生非的，到时候还不知道怎么回事呢。

对，好。

【观　众】我选沙僧，最在乎的一点是沙僧是比较专一的。相对于他们四个，沙僧忠厚老实，没有那个猪八戒那么多花心。孙悟空太过于强势，会比较累。

这是咱们这个小范围选的，咱们看看这个大的统计，很多人统计的结果，跟咱们有点不一样，咱们有其独特性，当然也有共同的特点，所以这个比例跟这个大的比例有所不同。这里有一个统计数据，一百人选，结果是：第一名是猪八戒，74 人，100 人里有 74 人选猪八戒；选沙和尚的是 16 人；选孙悟空的呢，10 人；选唐僧的是零。这是大学生的选举结果，唐僧大家一看都不喜欢了，这肯定的。猪八戒的比例出奇地高。有可能有开玩笑的性质，对吧，大家都说猪八戒不好，我就嫁猪八戒，是吧？有一点反叛的心理。咱们就说这个心理，咱们不说这实际结果，为什么会出现这种结果，刚才大家分析得很好，也不用我重复了。对唐僧啊，伪儒家的影响非常大，咱们不说儒家啊，叫伪儒家，"非礼勿动，非礼勿视，非礼勿听"，拿个紧箍咒箍住了。老子就最不喜欢礼，孔子问礼，老子对礼有很多批判。孙悟空比例不高，孙悟空有什么特点呢，孙悟空喜欢杀人。老子说过："兵者，兵者不祥之器，不得已而用之，恬淡为上。勿美也，若美之，是乐杀人也。夫乐杀人，不可以得志于天下矣。"武器是一种不祥的东西，非不得已的时候不用。所以喜欢兵器的人，舞枪弄棒的，就是喜欢杀人，喜欢杀人的人就不可以得志于天下。这是一个非常重要的思想。历史证明，凡是想用武力得志于天下的人，都失败了。就在老子以后，三四百年，出了个秦始皇，认为自己用兵器可以得志于天下，秦朝短短的就消亡了，而奉行道家的西汉却产生了一种繁荣。沙和尚票比较高，沙和尚比较软弱，比较窝囊，但是柔弱胜刚强，他这个软弱，居然超过了孙悟空的刚强，比他多6票。比较恬淡，老子说恬淡为上，我们这一句话叫恬淡，这话是老子说的，恬淡为上。猪八戒得票这么多，老子说过，"善用人者为之下"，善于用别人的人是要处在下方的，猪八戒比较谦虚，他张口闭口猴哥，处于下方的人，反而可能得志。当然是开玩笑的，我们是分析某种心理。

　　我们再讲一个故事，在美国有一本书《男人来自火星，女人来自金星》，发行量非常大，在很长时间内，在美国列入畅销书。书中对男人和女人的关系进行了非常精辟的评析，里面说了很多精彩的话，有些话和道家

《道德经》三十一章：兵者不祥之器，非君子之器，不得已而用之，恬淡为上，胜而不美。而美之者，是乐杀人。夫乐杀人者，则不可得志于天下矣。吉事尚左，凶事尚右。偏将军居左，上将军居右。

《道德经》六十八章：善为士者不武，善战者不怒，善胜敌者不与，善用人者为之下。是谓不争之德，是谓用人之力，是谓配天之极。

是平行的。它说男人啊都是从火星上来的，女人都是从金星上来的。金星人和火星人有一天相遇了，一同到了地球上。本来两人挺好，可后来就发生了种种冲突，女人就开始埋怨了，男人不听她的话，跟他说话的时候，他总是心不在焉，跟他说什么他都不听，不知道他心里想什么。男人觉得女人总想管他，总想控制他，亲密也不是疏远也不是，跟她一见面，她就教训他；躲她远点儿吧，她就埋怨，就好像孔子说的"近之则不孙，远之则怨"。男人有这样的看法，原因何在？作者分析到：男人喜欢的是效率，是力量，是成就，而不喜欢别人轻视他，怕别人轻视他。别人跟他讲怎样做的时候男人就以为是批评他。男人常常犯这个毛病。当女人跟男人讲，这件事该怎么去做的时候，这个男人的注意力不放在怎么处理这个问题上面，而放在你是怎么看我上。男人总是处于一种战斗状态，你跟我提意见，根本没听见你说什么，我只听见你对我不满意，你对我不满意，我就要斗争，就要吵，就很警惕。因为男人是猎人的后代，猎人对野兽，只有两个选择，要么打，要么跑。你在外面走，一只大老虎来了，你拿着长矛，要么就跟老虎打；打不过，跑。如果弱一点，是一只豹子，就跟这豹子搏斗。所以男人有这两种表现：要么争吵，要么逃跑、逃避，如看电视，玩游戏，看报纸，不说话，跟朋友出去玩，打麻将，等等。他要跑，如果跑不了，他就要斗，只有就这两个选择。男人缺乏两个人坐在一块讨论问题的耐性。而女人呢，女人则喜欢分享，我跟你讨论这个问题，这本身就是爱你，我爱你才跟你讲：不应该喝那么多酒，不应该抽烟，等等。女人总是希望改造男人。男人认为改造他们是一种敌意。而女人则认为这是一种善意。这就是火星人和金星人的冲突所在。男人总要问：你为什么说这话？你想说什么意思？你这话什么意思？女人说：我没意思，我就是告诉你。男人说：你想叫我干什么？女人说：我什么也不想叫你干，我就告诉你一件事。男人说：你不想让我干什么事，你为什么说？女人说：我说你，别人我还不说呢。反反复复没完没了地争吵。原因何在呢，男人重的是结果，女人重的是过程。男人要解决问题，女人要分享。所以，男人就应该理解，女人是跟他讨论这问题，而不是要批评他。

非常聪明、非常智慧的人，往往都不明白这一点。爱因斯坦可以算是世界上最聪明的人，也如此。爱因斯坦曾经说过："女人成天喜欢摆弄家具，家具这么摆摆那么摆摆。如果没有家具可摆呢，就拿我当一个家具来摆，这么摆，那么摆，总想使我更好一点，我就成了女人的家具。"事实上女人也不知道男人这种心理，就无

《道德经》二十八章：知其雄，守其雌，为天下溪。为天下溪，常德不离，复归于婴儿。

《道德经》六十三章：为无为，事无事，味无味。大小多少，报怨以德。图难于其易，为大于其细。天下难事必作于易，天下大事必作于细。

意中冒犯男人，于是就发生了冲突。其实，这个问题是可以解决的，那就是老子说的："知其雄，守其雌。"要了解男人的特点，同时了解女人的特点，保持女性的温柔。那种柔弱、交流，要保持。总之，一定要了解对方。老子说，"大小多少"，"天下难事必作于易；天下大事，必作于细"。很复杂的事情，在女人看来，是一件可以容易解决的事情。男人认为女人说话的时候，不分轻重大小，没有逻辑。其实，女人是把小事也当大事来做。男女结合，是"天地相合，以降甘露"，是甘霖滋润大地，是彩虹装扮天空，是美滋润心田。对女人来说，这就是大事，而男人以为这就是小事。女人是以小见大，关心细节，男人则以大观小。你给女人买一束玫瑰花和买一套房子是一样的。男人以为我给你买房了，我就可以忘了你的生日。可是女人认为，你忘了我的生日，和给我买房这两个错误是一样大的，至少它的差别要比男人想象的小得多。这种大事和小事的互相转化，老子看得清清楚楚，所以他教导我们要明白"大小多少"。通过理解和沟通，就可以把事情处理好。比如女人在唠叨的时候，男人要知道，她不见得一定有目的，不见得是对你进行批评，而是一种表达，她把事情说出来了，希望与你分享。这样，事情就轻松多了。一个责任有两个人分担，就会轻一半，甚至更多；一件难事，两个人分担，可以缩小许多倍。一个美好的愿望，美好的未来，美好的语言，两个人分享可以扩大几倍，几十倍。

男人看问题的时候，喜欢把观点集中在一个问题上，而女人喜欢把它扩大，将这个问题和与其相关的问题都列出来，然后再思考。这可能与远古社会男人的狩猎有关系。男人打猎的时候，注意力要集中于猎物，一只虎，一只豹子，一只鹿，打死它，我才能活下去。而女人是采集，要找蘑菇，找果子。一群妇女出去采集，要四处去找，看的范围比较广，但工作方式很简单：摘呗。一个果子，两个果子，三个果子，慢慢摘，摘上半天，大家说说笑笑，回家大家有饭吃。说起来好像是句笑话，但是不要忘记，这种延续了几百万年的生活方式，在我们身上会留下不可磨灭的痕迹。忽视了这一点，那我们就是忽略了我们的历史，忘了我们的祖先。

男人要学会倾听女人，要采取一种下位，"善用人者为之下"。这句话好像是马基雅维利的实用主义。你暂时处于谦卑的地位，让他说，很快这种下位就会转化，又会转为平等的关系。在两个人说话的时候，是处于不平等的关系，掌握权力的人，掌握经济大权，掌握政治大权，掌握文化大权的人说话，他和听话人是不平等的关系。甚至两个人掌握不同的信息的时候，两个人关系也不平等。我掌握一个信息，你不掌握一个信息，我们俩谈话的时候，就有高有低。为什么有些人喜欢告诉别人坏消息呢？因为他能间接得到一种心理满足，因为这件事我知道，你不知道，我处于上风，我可以使你惊讶，使你哭泣，使你迷茫，可以不断地质问。而倾听的人，你就可以暂时处于下位，因为他要提供给你信息。人往高处走，信息往低处流。你处于下位的时候，别人会告诉你。男人在处理与女人的关系时，如果你处于一种下位，她说的话你听见了，她并不是批评你，你可以从中吸收很多东西。每一个成功的男人后面都有一个女人，有一个不停地唠叨的女人。当然，女人要有智慧。她说的可能对，也可能不对。没有一个人说话永远不对，他总有对的地方，有不对的地方。老子说过："江海之所以能为百谷王者，以其善下之，故能为百谷王。"百川归海，海总是比江和湖低的。所以你处在下位，你才能取得信息，取得帮助，才能用人。你总处于一个强势，你表面上属于一个强势，实际是为别人所用。夫妻之间，也要处于一种下位。

女人有时会说：你从来没有爱过我。女人喜欢用"老是"，"一点也不"，"从来没有"等等。男人就说，什么就从来没有啊，你给我说说从哪天到哪天。其实，女人说这话，只不过是一种强势的语气，希望集中你的

《道德经》六十六章：江海之所以能为百谷王者，以其善下之，故能为百谷王。是以圣人欲上民，必以言下之；欲先民，必以身后之。

注意力，使你了解她的感受。不必死抠字眼儿。男人常常是律师，而女人常常是诗人。没人跟你讲语法，没人跟你讲"从来"的定义，我告诉你的是我的感情，我告诉你的是天地相合以降甘露，一种美的分享，你忘了谈恋爱时的甜言蜜语了吗？你忘了你们在手机上一聊就是两个小时吗？那个时候你并没有死抠她的话是什么，你并没有给"从来"下过定义，而现在你却不允许了。这是一种非常大的战略错误。你要弄清楚，你们两个还想过，你就要取下位。

　　人总是在变化的，道家就强调变。男人希望女人什么时候都像谈恋爱那样光彩照人，那样温柔体贴。这个是不可能的。人总有得有失，有得意也有失意。男人总是认为自己对对方的得失负责。今天女人不高兴了，我哪儿又得罪你了？你没有得罪她，她有权利升降，她有权利变化，而这个变化本身未见得每次都是跟你有关系。所以，要给对方一个允许变化的空间。在女人下降的时候，男人不要想把她拦腰抱住，给她挡住，女人要的是和他一起降，一起体会降落的痛苦吧，一种人生的体验。女人经常对男人提出批评，有时候说得很强烈，特别是中国人，有些地方管男人叫死鬼，打情骂俏。西方叫 Tease，Tease 是逗你，没有中国人那么强，也许我对西方生活没那么了解，没有这个互相骂着玩。骂着

《道德经》七十八章：受国之垢，是谓社稷主；受国不祥，是为天下王。正言若反。

玩，这是中国文化的特点。有些男人就不懂得这个，"正言若反"，这个正话经常是可以反着说的。女人要理解男人有这个弱点，语言对于男人来说是太强烈了，经常可以变成利剑。女人不知道，她以为这话说出来是为你好，是很好玩，是正言若反。男人学了几千年也不懂这个。所以，双方都应该向对方学习。

《男人来自火星，女人来自金星》的作者还讲了一个故事：有一个骑士，有一天到一个城堡来，看见一头巨龙冲进城堡里去，这城堡里的人，包括一个公主，去呼救，"帮帮我们，帮帮我们"。骑士就挥刀把这个龙杀了。"哎呀！"公主说，"太感谢你啦，你真是一个好骑士啊。"这个骑士到别处去了。过两天，又来了，一看，又来一条龙攻城。这骑士拿剑就要杀，公主在墙头说了："别拿刀杀，刀不好，你啊，拿绳索套它。"扔下来一根绳索，让骑士拿绳索去套这个龙。骑士不太知道这个绳索怎么用，反正套吧，费了很多力气，出了一身汗，被龙喷火烧着了衣服。最后骑士终于用绳索把龙套住了。公主又表彰了骑士一番。这时骑士不大舒服，我本来用剑，你非要我用绳索。我虽然套了，但是也没有剑使得痛快，我是骑士嘛，我使的剑是最好的。我不是牧马人，这绳索我不大会使，你非要用绳索，行啊，我用吧，用了这个杀了龙，但是不那么痛快，这个骑士就干别的去了。过两天骑士又回来了，又来一条龙，又攻城了。这骑士兴高采烈，冲到城下，他要救公主，到城下要杀龙。公主说了："别用刀，用毒药，我城上有毒药。"扔下来一包毒药，骑士接过来，就往龙嘴里扔，龙一喷火，他就扔毒药，两人又搏斗一番，最后骑士胜了，不过受了点伤。公主说："感谢你，进城来吧。"骑士却扭转头，离开了这座城堡，再也不回来了。大家想想，作者为什么要讲这个故事呢？

【观　众】我觉得这个故事是说明男人无论干什么事，他都有自己的想法和自己的方式；女人呢也有自己的想法，总是想把自己的意愿强加给这个男人，所以骑士三救公主之后，掉头走了。在这施救的过程中，他领略了女人的那种难缠，所以他掉头就走了。如果这个公主聪明一点的话，她应该让他用自己的方式去屠龙，然后两个人就可以结合在一起，是这样的吧？

对。他为什么走呢，就是她老告诉他，应该怎么做。不过用绳索和毒药达到目的，并不见得错。用剑很危险，剑可能会折。绳索可能安全一点，毒药可能解决问题快一点吧，所以公主可能是好意，而骑士不愿意听。老子说："不自见，故明；不自是，故彰；不自伐，故有功；不自矜，故长。"在日常生活中，也有这种例子，哪位举一个日常生活中的例子，说明这个问题，不

《道德经》二十二章：是以圣人抱一为天下式。不自见，故明；不自是，故彰；不自伐，故有功；不自矜，故长。夫唯不争，故天下莫能与之争。古之所谓曲则全者，岂虚言哉！

一定你们家，当然是你们家的最好，不是你们家的也可以。有什么例子没有？

【观　众】我说一下啊，我老公的事。

你老公在场吗？

【观　众】在。

骑士在场，公主也在场。

【观　众】比方说这个做饭吧，因为我觉得应该这个样子，其实我跟他说的意思是，你这样做可能更好一些，但是他有他自己的办法，他按他的办法做。最后我们俩达成一个什么协议，用他的原话就是："我干活你别看。"

就是看都不准看。

【观　众】因为看了我就要唠叨呀。

不是不许说，是不许看。

【观　众】因为看着不对劲，就要讲嘛，我常说的话就是："不说我难受，我说了你难受。"

说句西方谚语，"没有一间厨房大的可以装卜两个女人"，更不要说一男一女了，这厨房即使很大，可能有50平米，也装不下两个女人。一男一女，也可能装不下。

我们回到刚才老子的话："不自见，故明。"有两种解释，一种是：不自我表现，不把自己显现出来，所以看得清楚。这里"见"通"现"。一种是：不看的，当然明白。家里做饭，你做饭么，辣椒炒白菜，不切葱花，我没看见，心里明白。你不放葱花我有数。从小我妈就切葱花，你就不切葱花。有些地方看不见，算了，是吧？"不自是，故彰。"不自以为是，就能够"彰"，"彰"是显现出来，可以理解为成功，可以理解为取得效果。"不自伐，故有功。""伐"是吹嘘、夸耀的意思，你不把自己看得了不起，不把自己看成一个超出别人的事物，你才有功呢。"不自矜，故长。"也有两种解释，长理解为长久的长，意思是：不自大，所以能长久；理解为首长的长，意思是：不自大，所以能领导别人。这四句话都有个"自"字，自我中心，不会换位思考。我曾经听过一对夫妻吵嘴，男的说："我要是给你打电话，你总是有事，总是在做什么，做什么，你也太自我中心了。"这女的说："你才自我中心呢，你非在我干事的时候打电话，你等会儿再打来不行吗？"大家说，到底谁自我中心？

现在我们分析一下公主与骑士的故事。如果你是老子，怎么看？

【观　众】我想公主的问题就是自见，自是，自伐和自矜。骑士去救她的时候，她就认为她在骑士心目中位置是很重要的。每一次她都希望这个骑士照她的办法

去屠龙。她认为，她说的骑士都会听从的。就这样逼走
了骑士。她太自以为是，又好自我表现：我这种方法可
能就是比你那个用刀，用剑强一些。从老子的角度去劝
解的话，就应该告诉公主，要换位思考，不要以自己为
中心，让两个人处在一个对等的话语系统里，尊重
对方。

　　这里有一个问题：假设她是对的，那应该怎么办？
应该在战斗的间隙说。正在屠龙的过程中，他正在进行
生死搏斗，你的建议虽然很好，但是如果他分心的话，
会影响他的发挥。老子说过："动善时。"行动要挑选绝
佳的时机。你要春风化雨，给别人建议的时候，要选择
适当的时机，在战斗的间隙给他提出来，不能在战斗
中。在日常生活中，有些女士提出建议往往不择时机。
你要知道你所喜爱的男人，你所期待的男人，能力是有
限的，男人不能同时做两件事情，他不会又屠龙又听你
的见解，并不是他不喜欢你，并不是他对抗你，而是他
没有能力再分心，再思考，而要给他一个间歇，你要看
他有没有这个能力，你要照顾他，你要爱他，就选择适
当的时机。而这一点呢，很多女士都不知道。正在他恼
丧的时候，他买了股票赔了。哎呀，这股票咋买的，我
告诉你别买这股，非买这股，叫你买科技股，你说买石
油，正跌那天，训他一顿。就跟那股市一样，他会跌得

起，他那个股票档案，跌得起，一个输，走人了。怎么样呢，女人要承担一些责任，把这个话藏在心里，进行分析，在下次买股票的时候，你再跟他谈。不要在他正困惑的时候，给他增加压力，不要当着他的朋友让他丢脸。有些人喜欢越让你难堪你就越做，越不该说的时候越说，过高地估计了男人的能力，过高地估计了屠龙骑士的能力，不懂得"动善时"的道理。要有恰当的时机，而选择时机，是一种自我牺牲，就是"不自是"，为什么？这话你憋在心里了，你老伴儿做饭做得不对，你把它憋在心里了，没做饭的时候我跟他讨论这个问题，这个葱花切碎点可能好，老伴儿说不对，切得宽点好，好，宽点好，没关系，咱们有葱花吃就完了。是吧？"动善时"，这个善时呢？对你也就是牺牲，因为憋话是很难受的，但你把它在一个适当的时机说出来呢，第一是达到效果，第二是保护你心爱的人，否则是自是。好，我们现在劝劝这个骑士，这个骑士可能还很爱公主，可结果他走了，我就觉得还挺可惜啊，咱们挽救这段婚姻，怎么挽救？如果你是心理医师你学过道家，读过《道德经》，你怎么劝解？这个骑士有什么问题？

【观　众】我觉得这个骑士他不应该走。他应该跟那个公主交流一下。公主还是爱他的，他却不理人家。他也犯了自是的错误，就是个面子问题。男人就是好面子，你看我一个亲戚，平常在家他做饭，今天来客人先嘱咐，今天你做饭啊，我坐那儿抽烟，你给我点面子，都这样。男的就是要面子，越是人多的地方越端着。

如果他们那些人听咱们的建议呢，就像童话故事里一样了，公主和骑士结合在一起，从此他们幸福地生活。所有的故事都是这样结束的，可现实却是常常因为一点小事分道扬镳了。两个人并不是互相不喜欢了，很多人还是互相喜欢的，公主和骑士，应该是互相喜欢的，否则这个骑士为什么冒着生命危险去救她呢？公主也不会一会儿一个主意，一会儿一个主意地劝他呀？两个人相爱，爱的要命却不见得就有好的结果，这是十分令人痛惜的。那么就听听老子的话吧，要不自见，不自是、不自伐、不自矜，这是我们人生的秘诀。而这，懂得这个是会有很多幸福在我们面前的，愿天下有情人都成眷属，愿天下有情人都看看这段老子"玄阴幸福宝典"。

英国利物浦大学作了这样一个研究，对女人喜欢什么样的男人，男人喜欢什么样的女人进行分析。得出这个结论是，有女性化的男人的面孔使女人觉得更细心，更体贴，更可靠，更值得信赖，像男人的女人，更健康，更开朗，更豁达，心胸更宽阔。所以这种现象，中性人现在得到大家的青睐，有些大赛中经常会出现这种

情况。比较像中性的人更受到大家的青睐，是这种形式
的结果。所以，男人呢，要向女人学习，不只是外貌、
内心。女人要向男人学习，不仅是外貌，而且是内心，
这就是老子说的"万物负阴而抱阳，冲气以为和"。负
阴，这个万物呢，要有阴和阳，阴和阳结合在一起来充
气，互相碰撞。老子说，"万物负阴而抱阳"。"冲"，
这个"冲"字说得好，冲撞，碰撞；"气以为和"，这
万物呢，要有阴的一面，有阳的一面，背负着阴，阴抱
着阳进行碰撞以后互相调节，互相纠正，互相建议，互
相学习，得到了和谐。"万物负阴而抱阳，冲气以为
和"。所以呢，要有男人的雄心，又要有女人的灵活；
要有女人的善于交流，又要有男人的刚毅。那么，试看
这个世界的未来呢，将是属于你的，只要你记住，不自
视、不自伐，只要你相信老子（Lǎozǐ）天下第一，不
以为老子（lǎozi）天下第一，那么世界就是你的，那么
你就会赢得幸福，我们愿天下有情人都成眷属，愿我们
的世界充满了和谐，愿万物负阴而抱阳，冲气以为和。

《道德经》四
十二章：道生一，
一生二，二生三，
三生万物。万物
负阴而抱阳，冲
气以为和。

第四讲

老子的告诫：挣脱名缰利锁

空 之 用

老子说：“三十辐，共一毂，当其无，有车之用。埏埴以为器，当其无，有器之用。凿户牖以为室，当其无，有室之用。故有之以为利，无之以为用。”（三十根辐条共用一个车轴，因为车轴中空，车才能有用。陶土泥制成容器，因为有中间空，容器才能有用。开门窗建房屋，因为有空间，房子才能有用，因此，有给我们带来便利，无才使事物有了用处。）我们也应该成为无名中空的容器，才能接受自然之美。让我们抛弃焦虑、成见、贪婪、和虚妄的野心。我们是人不是神，我们控制不了世界，从而不需要这么多对世界的忧虑。

绘画及说明文字：赵启光

当今社会物质生活丰富，可是大家都生活在紧张和焦虑之中，不但中国人是这样，外国人也是这样。在这一点上，大家倒是取得了跨文化交流的成功。但是更可叹的是，在种种压力下，大家还要装成好汉，装成淑女，欺天乎？自欺乎？那么今天我们就用老子的话来解答人生的疑问：如何摆脱我们重重的生活压力？老子在他的《道德经》的第四十四章里，写过这样的话语："名与身孰亲？身与货孰多？得与亡孰病？是故甚爱必大费。多藏必厚亡。知足不辱。知止不殆。可以长久。"这段话就是我们这一讲和下一讲的主题所在。那也就是说，老子对他当时的社会的问题，开出了药方，他当时社会的问题呢，是大家追逐两件事情：一个是名，一个是利。这和两千五百年之后的我们是何其相似啊。古今中外为名利所惑而深陷困境的人们可以说层出不穷。对此，老子提出第一个问题是"名与身孰亲？"名誉、名声和面子和自我，和自己的身体、自己的生命，是哪个更应该去亲近、追求呢？好，我们看看，在名的面前，大家常常犯什么错误。我们都知道，俄国有一个伟大的文学家叫普希金，他写过很多很多优秀的诗篇，可是呢，他也就看不清名和身的关系。他的妻子是非常年轻漂亮，和别的贵族发生一些瓜葛。普希金收到一封信，对他百般侮辱。普希金就受不了，就和对方决斗，结果死于决斗。这就是看不清名和身的关系。普希金死后，他的朋友莱蒙托夫写了一首诗，指出普希金是被流言的飞矢所击中，是为荣誉而死。莱蒙托夫自己也看不清名和身，结果他自己也为了名和别人决斗，也被打死了。用莱蒙托夫自己的话说，他们都是荣誉的奴隶。这是外国人。中国人呢，这种人也很多，最好名、最好面子的，中国历史上也有很多，大家都可以想一想，现在是国学热，常常看电视剧或者阅读历史小说，好名的人，为名誉而死的人非常多。大家你们可以想起几个人来吗？因为好面子、为名而死的人？

【观　众】阮玲玉。

欸，阮玲玉，很好。

【观　众】对，她就是因为人言可畏而自杀了。

对了，好，我们就看看阮玲玉。她是一个演员，她的表演非常好，有人说她是最上镜的演员，"有着非常敏捷的感应力，如同感光最快的底片"（吴永刚语），可以说前程无量。可她也在感情问题上陷入漩涡。最后在小报的攻击下服药自尽。临死前写了一封信，其中有"人言可畏，人言可畏"这样的文字。"人言可畏"四个字写了两遍！如花的生命就葬送在这四个字上。

鲁迅先生是一个战士，他有的是投枪匕首，不理会花边文学的。尽管他有《花边文学》、《准风月谈》，但大伙知道那是反其意而用之的。阮玲玉事件发生时，鲁迅已经身染沉疴，在生命的尽头，他写下了一篇文章，《论"人言可畏"》，抨击当时的小报记者。我对鲁迅老先生是非常崇拜的，鲁迅先生也非常好名誉，别人如果触犯了他的名誉，他会拼力抗争。他死逝世以后，他的夫人许广平女士曾提到，鲁迅也是被一些人流言击中的。鲁迅对名的爱惜，跟阮玲玉似乎有共同之处。鲁迅自己说过，真的猛士敢于直面惨淡的人生。那么，我今天斗胆给鲁迅先生加一句，真的猛士可以背对别人的流言。他们说什么跟你本身并没有什么关系，你的生命更为重要。那是老子说的"名与身孰亲"。所以大家要回答好这个问题，大家还想到什么历史人物吗？为了名，为了好面子而失去生命的。

【观　众】我想到了项羽，西楚霸王。

欸，项羽是一个例子，一个悲剧性的人物。项羽和刘邦争天下，最后被刘邦的部下追到乌江边上，自刎而死。当时有一个渔翁划船到他前面，说现在这条江上只有我这条船，划过去，到了江东，你的根据地，你还能组织人马，卷土重来。项羽却说：当年我带着三千子弟兵过江，今天没有一个人跟我回来。现在我一个人回到江东，父老乡亲即便"怜而王我"，（爱惜我，还尊我为王），"我有何面目见之"（我有什么脸见他们呢），

四面楚歌

老子问："名与身孰亲？"（名气与生命谁更宝贵？）项羽是秦末的著名悲剧性的英雄。他曾经有许多机会抓获他的死敌刘邦，但他一次次放跑了刘邦，因为他爱惜名誉超过生命，不想被世人所笑。结果项羽被刘邦大军团团围住。只见得层层敌军营帐，只听到阵阵四面楚歌。项羽叹道，天亡我也。他怨天尤人只是埋怨他自己。他当年好名的结果是放虎归山。

绘画及说明文字：赵启光

所以自刎而亡。这就是面目的问题，脸面的问题，没有面目见之。他也许忘了：当初他完全可以把刘邦消灭，在鸿门宴上，刘邦已经是项羽的瓮中之鳖了，可项羽居然把他放走，这难道就不丢脸吗？而且项羽还怨天尤人，说"天亡我"，这是怨天，然后又怕江东的父老不容他，又是尤人。死到临头还怨天尤人。他不懂得老子这句话"名与身孰亲"。

在我们日常生活中，我们都不是项羽，我们也不是普希金，我们恐怕也当不了阮玲玉，我们就是普通的芸芸众生。可是我们的生活中也面临着种种的"名与身孰亲"的问题。尤其我们中国人，好面子。这个面子太要紧了，把这个面子看的比什么都重。有一句话是"死要面子活受罪"。这个是我们中国人的一个很大的问题。有这么一句话大家肯定都知道："走自己的路，让别人去说吧。"这句话可以用在每一个人的身上，阮玲玉演你自己的神女，让别人去说吧；项羽过你的江，让别人去说吧；普希金写你的诗，让别人去说吧。这句话是从哪来的呢？是意大利复兴时代佛罗伦萨的一个诗人但丁，《神曲》就是他写的。《神曲》是一部承前启后，划时代的巨著。是一个旧时代的结束曲，是吹响了新时代的号角。《神曲》出版以后，欧洲就进入了文艺复兴的辉煌时代。文艺复兴以前的欧洲中世纪是一个黑暗世纪，人也是非常好面子的，重形式而不重视实质，不重视自己个人的选择而靠别人为自己选择，以别人的评判判断自己的价值，是一种旧时代的观念。但丁正是吹响了人文主义、个人主义的号角，这个个人主义是建立在尊重每个人自由和尊严基础上的个人主义而不是自私自利的个人主义。在《神曲》中，作者游历了地狱，炼狱。炼狱在地狱上面一点，经过炼狱的精炼和净化，才能上天堂。在游历中，作者遇见了古人，叫维吉尔，维吉尔也是诗人，他成了但丁的引路人。维吉尔带着他游历各处，遇到了古人，就会有一些交谈，用诗歌表达他对人生的看法。当他们俩走到了炼狱的时候，就听见鬼魂叫："但丁！但丁！"但丁就不由地停住脚步回头看。这时，维吉尔说："为什么你的脚步放慢，为什么你犹豫不前，走你的路，让别人去说吧！你应该像一座矗立的塔，任暴风雨来冲刷。"这就是这句话的出处。为什么中国人爱说这句话呢？有一个原因可能是马克思在《资本论》的序言中引用了这句话。

　　这句话确是名言，不过要全面理解这句话，后面的一句也不应忽略："像一座矗立的塔，任暴风雨来冲刷。"我们都应该做一座任暴风雨冲刷傲然矗立的塔，老子说过："飘风不终朝，骤雨不终日。"暴风骤雨下不了太长时间，对于别人批评，应该采取有则改之无则加

《道德经》二十三章：希言自然。故飘风不终朝，骤雨不终日。孰为此者？天地。天地尚不能久，而况于人乎？

勉的态度，雨过天晴以后又是一片彩虹的世界。可是，并不是人都人过得了这一关。中国的自杀率近年来不断增加。其中不少是因为脸面的问题，就是太在意别人对自己的看法。当然，别人的批评、建议我们应该认真对待，但应该有自己的原则。人生是自己的，首先要对自己负责。我们每个人来世上都要履行自己的责任，而不是像足球比赛一样，是给别人看的。人生不需要裁判。如果是恶意的诽谤和攻击，那就更不能受其影响了。这就好像是两个球队比赛，却让对方的队员当裁判一样，自己拿着刀刃，却把刀柄给了对手。有一句话叫"任劳任怨"，任劳好办，反正我多干点没事，没关系。任怨就有点难了，我干那么多，最后还落埋怨，凭啥？这就太执著于名了。

　　老子的第二个问题是："身与货孰多？"身体和财产相比，哪个更多一些？哪个更应该重视些？这个问题大家好像是都明白，可事到临头却往往犯糊涂。全世界的强盗有一句共同的语言："要钱还是要命？"简捷到没有主语，没有施动者与受动者。这符合强盗的规律：速战速决，在最短时间解决问题。在语言上同样如此。英语中更是简捷到连动词都不要了：Your life or your money？（直译是：你的命还是你的钱）。这时，大家会选择什么呢？大概是命。不过，也保不齐有要钱不要命的横主，为钱视死如归，但这不是英雄，是傻子。当然这是极端的例子，绝大部分的人在这样的关头不会犯傻。但在现实生活中，时时处处回响着："要钱还是要命？"的幽灵般的声音，只是我们听不见罢了。

【观　众】温水煮青蛙，是吧？

对，温水煮青蛙。要是开水，青蛙就跳出去了。可这是温水，不太烫，蛮舒服。水温慢慢地升高，等到被烫死时青蛙才明白，可已经来不及了。现在流行一句话："年轻时拿命换钱，到老来拿钱买命。"我们想想，这样做与刚才说的那位要钱不要命的"英雄"有什么两样呢？其实，我们每天都在面临这个问题。也在回答这个问题，可能我们总是回答错了，只是考试还没有结束，我们还有机会改正。可是总有交卷的时候，那就是死亡。当我们的生命即将结束的时候，我们仍然要面对这个问题，我们此前的一次次错误的回答就可能变成现在不可弥补的遗憾了。老子的这个问题就是在时刻提醒着我们：摆正这摆正这两者之间的关系，不要给人生留下遗憾。

【观　众】老师您刚才说死亡好像交卷。我想到两个故事，可以看做是两份答卷。一个故事是：有个特别吝啬的人，他在死的时候用尽最后的力气伸出了两个手指头，家里人起初不明白是什么意思，最后才知道，哦，原来是灯盏里点着两根灯草，两个点，他要挑掉一根灯草，这样会节约用油。另一个故事是：凯撒大帝在去世的时候，要求士兵把他的手放到棺材外面，大家不明白这是为什么，凯撒说：我要所有人都知道，无论你如何强大，你走的时候什么都带不走。

第一个故事是《儒林外史》里有钱而又吝啬的严监生，第二个故事是凯撒。一个是中国的乡绅，一个是古罗马至高无上的统治者，地位悬殊。但他们的答卷都是令人遗憾的。所不同的是严监生至死不悟，凯撒到死方悟。犹太教的一个教士曾经说过："一个人来到这个世界时紧握拳头，但离开这个世界时手是张开的。"大家可能见过刚出生的小孩，手是紧紧握着的，而人死的时候手是松开的。人一生奋斗，抓呀抓的，恨不能将什么都攥到自己手中，结果到死的时候一撒手，什么也带不走。撒手人寰，很形象，也很深刻。

【观　众】赵教授你好，刚刚谈的那两个故事，也让我感触很深。我在某个体育锻炼的场所的门口看到这么两句话：每天锻炼一小时，健康工作五十年。我想为什么不改一下呢？比如改成：每天锻炼一小时，健康生活五十年，或者说健康享受五十年。有人用盲忙茫三个字描写我们现代人的生活状态。第一个是盲目，第二个是忙碌，第三个是茫然，迷茫。我想请问一下，用老子的智慧应该怎么样让现代人解决这三个问题。

人生忙，一天忙到晚；可是不知道一天忙什么事，瞎干，盲目；忙碌一天后，想想明天，周而复始，于是茫然。也就是说我们在周而复始无穷无尽的忙碌中变得盲目，变成了一个棋子，失去了主动性，看不到方向，望不到尽头，陷入茫然之中。这说得可能有点严重，但在现代社会每个人都可能遇到这种情况。我给大家出一个对策：智知志。老子说："知人者智，自知者明，胜人者有力，自胜者强，知足者富，强行者有志。"了解别人的人是智慧的，了解自己才是明智的，战胜别人是有力量的，战胜自己才称得上是强者，知足才是真正的富有，战胜困难坚持下去才称得上有志气。了解大家、了解别人、了解对你提出要求的人、了解社会了解周边环境，我们就聪明了，就不会瞎忙。了解自己，明白自己所在的位置，我们就不会盲目。遇到困难不退缩，坚持下去，就会看到希望，就不会茫然。

老子说："金玉满堂，莫之能守。"你屋子里堆满了金银财宝，也不见得守得住。所以你积累了一生，不见得能归你；你躺在金银堆里，不见得能够享受它。大家现在买房子，买家具，家具越多越好，组合柜，长沙发，把个屋子填得满满当当的，自己留的空间却很小。《红楼梦》的《好了歌》唱得好："世人都知神仙好，只有金银忘不了。终朝只恨聚无多，及到多时闭眼了"。莎士比亚在《雅典的泰门》中，写过一个人叫做泰门。泰门非常豪爽慷慨，乐善好施，接交了很多朋友。许多人乘机前来骗取钱财，最终破产。在需要用钱周转时，他去找过去他周济过的朋友借钱，却没有一个人借给他。他非常失望，就自己跑到山里去了，住在一个山洞里，与世隔绝。有一天他在山里挖出一堆金子，就此发表了他对金钱的看法："金子！黄黄的，发光的，宝贵的金子！这东西，只这一点点儿，就可以使黑的变成白的，丑的变成美的，错的变成对的，卑贱变成尊贵，老人变成少年，懦夫变成勇士……"接着他对金钱发出诅咒："啊，你可爱的凶手，帝王逃不过你的掌握，亲生的父子会被你离间！你灿烂的奸夫，淫污了纯洁的婚床！……"马克思认为这些话"绝妙地描绘了货币的本质"。财富是重要的，但财富和幸福并不成正比。

我们大家都是普通人，每天都面临生活的各种考验。早晨旭日东升，我们心中有多少忧虑；每天晚上明月西坠，我们心中有多少遗憾。人生不过百年，是非常短暂的。我们人生的列车，不多地不断地驶向前方。其实中途不妨在各个站停一停，闻闻四野的花香，买一杯热茶，享受享受人生。最美的地方不一定在终点站，而在我们生活中任何小憩的地方。我们仰望晴空，仰望蓝天，听听鸟语，逗逗小孩，和心爱的人谈谈话，这都是生活的目的。不一定把一切集中到一个最终的地方。而做到这点，我们就要非常严肃地对待老子的提问："名与身孰亲？身与货孰多？"希望大家都能很好地回答这个问题，我们大家就都是幸福的人，成功的人！

【观　众】老子这两句话中提出三个概念：名、身、货。名是名声、荣誉，身是身体、自身，货是钱财。简化一下，就是自身和名利的关系问题。老子是提醒我们要有正确的名利观，这是非常具有现实意义的。我们青年人即将踏入社会，肯定会面临名利的诱惑，可能无形中就被卷入名利场当中。有一句话说得好："看得破，忍不过"，您能不能给我们青年人一点建议？

我有一个建议："进得去，出得来"，人生就是一个不归之旅，但我们不要把目的当做唯一，要懂得享受过程。这件事情没做成，没达到目的，但是我做了，就不遗憾了。人生是一场游戏，要看透，但是要玩得好，玩得精彩。人生是一场梦，但为何不作一场美梦呢？老子说："知其雄，守其雌。"我知道这个事情的一方面，但是我可以从在另一个方面去做，我心中是有数的。这个事情本来就是梦幻泡影，但是我要认真去做它；是一场游戏，我要把它玩好了。也就是说你要进得去出得来，在什么山上唱什么歌。并不是说我是一个哲学家，我飘然世外，我无所谓。哲学家也要穿衣吃饭，也要生存。

【观　众】老师的讲座给我很大的启发。作为一个青年人，肯定会遇到社会上名利的熏染。对此应该有一种外在的顺应，但是内心是要有所秉持的。就像后世的庄子所说的"外化内不化"。你的内心是有坚持的，这样才能做到"举世誉之而不加劝，举世非之而不加沮"。当我们内心的力量足够强大的时候，全世界的人都鼓励你，你也不会往前迈一步，当所有的人都去否定你的时候，你也不会更加的沮丧。

对，就这是内心深处有一个判断，你的心是一面镜子，镜子要经常擦拭。老子说："涤除玄览，能无疵乎？"就是要把心灵的镜子擦得干干净净，让它一点瑕疵也没有。这就要修养，绝非一朝一夕的功夫。只要我们心灵是明澈的，清净的，我们就能看穿名利的迷雾，获得生命的真正的解放。

《道德经》十章：载营魄抱一，能无离乎？专气致柔，能如婴儿乎？涤除玄览，能无疵乎？爱国治民，能无为乎？天门开阖，能无雌乎？明白四达，能无知乎？

第五讲

老子的开示：幸福其实很简单——
知足常乐

老年燕妮变成了一个令人尊敬的沉思者

　　"眼底烟云过尽时，正我逍遥处"。大学毕业以后，燕妮历经沧桑。她也许当了一名老师、或者会计、公司主管、或者在家抚养孩子。一天，她不得不离开她住了五十年的老屋。在装箱时，她在墙角发现一本布满尘土的书和一把长满青苔的剑。她轻轻掸去书上的灰尘，原来这是她半个世纪前在大学读的《道德经》；她缓缓擦掉剑上的苔痕，原来这是她在大学里上"道家养生之道"时做的木剑。她拿起书和剑，坐到一棵葱郁的树下，遥望西方地平线上的落日，他想起老子的话："天长地久。天地所以能长且久者，以其不自生，故能长生。"于是燕妮忘却了自我，融入自然的壮美之中。

　　　　　　　　　　　　　　　　　　绘画及说明文字：赵启光

现在我们讲"知足常乐"。这句话大家都知道，可这句话源于老子，恐怕有些人就不一定清楚了。老子说过"知足者富"、"祸莫大于不知足，咎莫大于欲得。故知足之足常足矣"。大意是：最大的祸患就是不知足，最大的不祥就是贪欲。所以说知道满足就会总是觉得心里很满足。这方面老子有很多论述，这些论述不光在我们中国深入人心，国外的人们中也常常有人引用。不久前俄罗斯的圣彼得堡召开了一个国际经济论坛，俄罗斯总统梅德韦杰夫的演讲指出：他现在经济形势不堪乐观，世界上经济出现重大问题，我已经找到了解决问题的办法。台下的观众洗耳恭听，想听听俄罗斯总统的高招。梅德韦杰夫娓娓道来：中国有一位哲人说过，得到和失去哪一个对我们更不好呢。如果你爱一件东西，爱的太多，那么你就会造成重大损失，你如果储存的太多了，你就会损失的更多。所以我们要知道满足，要知道停止，我们就不会有灾难了。听完这些话，一些人赶紧查去了，一查，中国的老子说的话，说的就是我们现在讨论的第四十四章："名与身孰亲？身与货孰多？得与失孰病？是故，甚爱必大费；多藏必厚亡。知足不辱，知止不殆，可以长久。"梅氏引了后半部分。他说这就是指引我们走出经济危机的法宝。

连俄罗斯总统都知道的老子的话，我们就更应该好

《道德经》三十三章：知足者富，强行者有志。

《道德经》四十六章：天下有道，却走马以粪。天下无道，戎马生于郊。祸莫大于不知足，咎莫大于欲得。故知足之足常足矣。

好学习一下了。《道德经》一共八十一章。第四十四章主要讲名与利、得与失的问题。这与我们日常生活比较接近，所以我们多花一点时间。因为名利、得失这些问题像重重枷锁已经把我们现代人绑得喘不过气来了。

老子在这里指出得与失的辩证关系。"得与亡孰病？"（"亡"的意思是失去）得到与失去哪个更不好呢，哪个更成问题呢？一般人会选择后者。那么得是不是也是病呢？老子提出这个问题。我们现在就算算得失账。我们说老子天下第一，老子是辩证法大师。无独有偶，与老子差不多同时代的古希腊哲学家赫拉克利特也是辩证法大师。历史有时候非常奇怪，总有难以解释的神秘的东西。就是公元前 500 年左右，也就是距离现在 2500 年左右，在世界上几个哲学家同时出现，有人管这个叫轴心时代，当然这几个轴心当时并没有关联。在东方的中国，在西方的希腊，南亚的印度，哲人并出：古希腊的柏拉图、亚里士多德，中国的老子、孔子，印度的佛陀，他们都在思考人生的真谛，提出一些本来我们习以为常的问题，诸如人为什么要活着，人生有什么困惑，得和失哪个更不好，等等。量子力学有一个发现，就是说两个粒子处于两个不同的位置，会同时转动，而这两个粒子之间的联系你不知道。中国的老子和古希腊的赫拉克利特不早不晚几乎同时提出了辩证法，也可能是经济、文化发展到特定阶段就会出现，这个我们就不去探讨了。我们看看赫拉克里特提出了什么，赫拉克利特提出：宇宙万物之间有一个超越我们的力量存在，这个东西叫 Logos，逻各斯。它脱离我们而存在，指导着我们的生活，它在宇宙中一个潜在的力量。这和老子提出的道很相近。

接着他讲互相转化，生变成死，死变成生，黑变成白，白变成黑。两个对立的东西，其实是一个东西。这和老子提出的观点非常相近，老子提出："有无相生，难易相成，长短相形，高下相倾，音声相和，前后相随"，提出得与失的互相转化。赫拉克利特还说："人不能两次跨进同一条河流"。那就是说你再进那个河流的时候，那个河流已经不是刚才的那个河流了。我们不远的地方就是黄河，你今天到黄河里去，和明天到黄河里去，这个黄河不是一条黄河。我小时候，很久以前，我第一次到济南的时候，我自己曾经到黄河里游过泳，所以我对济南特别有感情。我今天如果再到济南去游泳，那个黄河就不是那条黄河了，因为万物皆变皆流。老子也说过："譬道之在天下，犹川谷之于江海"，道在天下就跟大海一样，跟河流一样，也是在不断地变化。孔子也说，"逝者如斯夫，不舍昼夜。"他们在这一点上是共同的。老子对得与失提出了一个辩证的关系，相反的方

《道德经》二章：天下皆知美之为美，斯恶已；皆知善之为善，斯不善已。故有无相生，难易相成，长短相形，高下相倾，音声相和，前后相随。是以圣人处无为之事，行不言之教。

《道德经》三十二章：始制有名，名亦既有，夫亦将知止，知止可以不殆。譬道之在天下，犹川谷之于江海。

向，互相转化，就得可以变成失，失可以变成得，这就是辩证法。

《道德经》三十一章：吉事尚左，凶事尚右。偏将军居左，上将军居右。言以丧礼处之。杀人之众，以悲哀泣之；战胜，以丧礼处之。

老子就曾经说过，"战胜以丧礼处之"，意思是打了胜仗，应该用丧礼善后，这话听起来好像费解。其实老子想说的一句话就是，胜利和失败是互相转化的。古罗马帝国曾经有过这样的例证，古罗马时代，得胜将军回国以后都举行一个凯旋式，不有凯旋门嘛。得胜的将军率领他的胜利之师穿过凯旋门，全城的市民夹道欢呼，凯旋的将军押着俘虏走过街道接受两边人的欢呼，再走向他们的神庙。在这万众欢腾之时，得意的将军后面必须跟着一个仆人，这个仆人的任务就是说一句非常不吉利的话，说什么呢？"Memento mori, Memento mori"（请记住你是要死的，请记住你是要死的）。这简直就半夜的鬼叫门一样恐怖丧气，庆典变成了丧礼。看来很煞风景，但这也许就是古罗马帝国千年辉煌的原因吧。他们掌握了一定的辩证法，知道事物的互相转化，胜利和失败是可以转化的。今天你的庆典，欢庆胜利的典礼，明天就可能变成你的丧礼。这不跟老子说的一样吗？

胜利的典礼会不会变成丧礼呢？中国的例子举不胜举，秦始皇雄才大略，统一中国，"秦王扫六合，虎视何雄哉"。但是很快秦朝就灭亡了。项羽何等的英雄，在乌江边自刎了。我们知道凯撒大帝也举行过这样的凯旋盛典。凯撒征高卢、征埃及，席卷欧洲，建立了环地中海空前的大帝国，他是个"上马击狂胡，下马草军书"的全才统帅。不光是武功还有文治，他写的拉丁文非常漂亮。至今你要学拉丁文还要学凯撒写的文章。他征服埃及，居然带着埃及的皇后 Cleopatra 返回罗马城，当时罗马城简直是不夜城，万众欢呼仰望天下的英雄和美人一块归来，简直是如仰望神仙一般。那么这种胜利会不会永远下去呢？这种得会不会转化为失呢？事实是无情的。凯旋仪式上仆人提醒他"你是会要死的"，就是告诉他现在的胜利是暂时的，你不要头脑发热，你不要有朝一日想把你的胜利再扩大，以至于危害到我们的共和国。凯撒并没有听这句话，他进行了军事独裁，和元老院产生了极大的矛盾，埋下了败亡的祸根。

明知道元老院图谋不轨，可是他还要去元老院演讲。当时罗马还是所谓的共和国，凯撒虽然是大帝，形式上存在着共和。我们说凯撒大帝，其实凯撒生前是没有称帝的，他的后代才称帝。凯撒已经和元老院的矛盾发展得非常深了，他要到元老院去演讲，元老院已经非常明确地要暗杀他了。可是凯撒说："我还就不怕，今天就不带卫队。"别人劝他说你带卫队，他说："我就不带，如果我带了卫队去，别人会怎么看我呢？"要名。名与身孰亲，他没有看清楚。他就只身走入元老院，正得意洋洋之时，突然旁边窜出一群刺客，乱刀向这位不可战胜的英雄身上刺去。凯撒当然只手搏斗，没有武器，身上连中 23 刀，其中一刀是致命的，而刺这一刀的人就是恺撒的养子布鲁图（Brutus），凯撒说的最后一句话是用拉丁文说的："Et tu, Brute?"（难道你也在其中吗?）他就想不到他的养子也背叛他。表面上万众服从的背后掩藏着巨大的风险，这个得与失，强与弱的关系他就没看清楚。在这一刹那，在他永远离开那一刹那的时候他不知想的是什么，大概他应该想起了的凯旋式上那个仆人在后面说的话"Memento mori"请你不要忘记你也会死的。这就是一个严肃的警告。这就是老子发现的辩证法，得与失孰病。

那么我们普通人每天都面临着得与失的问题。得到什么，失去了什么。大家喜欢得到东西是吧，越来越多好，好像没有人愿意失去什么东西，有人愿意失去东西吗? 有没有人愿意失去东西呢? 就一件东西好像大家同意。

【观　众】是病，失去病吧。

对，失去病。还有减肥（lose weight）。体重可以减，其他都不减。我在美国教书，我说："你们愿意减什么?"大家立刻说减肥，只有这件事能失去，别的都不能失去。可是你不知道，老子说过，"天地之间，其

《道德经》五章：天地之间，其犹橐龠乎? 虚而不屈，动而愈出。多言数穷，不如守中。

犹橐龠乎"，什么是橐龠，风箱。橐龠，天地之间的橐龠，古代的风箱，这样拉的。这个风箱有特点吸气吐气，吸气吐气，总有进有出，你只进不出，那不行，气球只进不出不就炸了嘛。可是我们养成一个习惯，只进不出。你光吃饭不干事不行，不能只进不出。可是我们居然相信只进不出。其实，我们未尝不可失去一些东西。比如很多人开车总抢道，乱并线，我看哪个道好，抢那个，好像抢了道占了便宜了。可是你出了交通事故，失去的更多，对吧。事事占先，事事得意，将来有一天会损失更多。在我们人生的图画上抹上一两缕灰色，未见得使我们的灿烂消失，我们的桔红、浅黄、天蓝可能显得更壮丽，所以我们要允许放弃，放弃也是一种智慧。比如说我们现在走路，我们一步一步迈，这个腿往前迈对不对，你能永远迈？必须退一步，任何走路的人都是一脚前一脚后走。你见过人两脚蹦的吗？我就不退，我两脚非得一块儿迈。这种生物只有袋鼠，袋鼠这样蹦，可是生物学家说袋鼠是世界上最落后的动物。它错过了进化，而且要绝种了。一脚前一脚后才能够往前走。这个道理很简单，但是在日常生活中我们常常犯晕。

我们看《道德经》三十六章："将欲歙之，必固张之；将欲弱之，必固强之；将欲废之，必固兴之；将欲

叶公好龙

　　"叶公子高好龙，钩以写龙，凿以写龙，屋室雕文以写龙。于是天龙闻而下之，窥头于牖，施尾于堂。叶公见之，弃而还走，失其魂魄，五色无主。"很多人是叶公，他们追求爱情、成功、财富，可是一旦这些真的到手，常常害怕了、厌倦了、或者死了。所以请珍惜你你已经有的，不要觊觎你没有的。

绘画及说明文字：赵启光

去之，必固兴之；将欲取之，必固予之。是谓微明，柔弱胜刚强。"连续四个排比句，歙之要张之，弱之要强之，废之要兴之，取之要予之，你要想关它，必须先张开，你要想削弱它，必须先使他强大，你要废除它就要使他强盛起来，你要获取必须先给予。这就是微妙的智慧，柔弱的最后战胜刚强。

生死也是如此。你看这个树枝，我们这儿也很多树花，这都是软的，因为它是活的，如果它死了，就是干枯的。人也是一样。老子说过："人之生也柔弱，其死也坚强。草木之生也柔脆，其死也枯槁。"活的人是软的，死的人才僵硬了。如果一个人不能够灵活，不能够得失兼顾的话就是死的。不懂得这个道理就是如同干枯的树木一样。这是老子对于得失的看法。

可是为什么我们只愿意得不愿意失，就以吃饭来说，我们一天到晚吃，现在我们国家进入比较发达时期，多数的人的问题不是没有饭吃，而是吃的太多，糖尿病、高胆固醇都来了。为什么我们一定大家光想吃，为什么一定要得呢？看看原因何在呢？明明身体太胖不好，高血压不好，胆固醇高不好，为什么还要吃。你们几位看看有什么原因吗？或者是台下的。

【观 众】我突然想起老子就是曾经好像也说过"为腹不为目"，就是说我们肚子的这个容量是有限的，

《道德经》七十六章：人之生也柔弱，其死也坚强。草木之生也柔脆，其死也枯槁。故坚强者死之徒，柔弱者生之徒。是以兵强则灭，木强则折。强大处下，柔弱处上。

《道德经》十二章：五色令人目盲，五音令人耳聋，五味令人口爽，驰骋畋猎令人心发狂，难得之货令人行妨。是以圣人为腹不为目，故去彼取此。

但是眼睛看到的东西是无限的，可能我觉得您说的，有些人，我自己也存在这个问题，比方说就是其实已经吃饱了，但是如果看到有好吃的，还想再尝一尝，尝一口，挺好吃，还想再尝一口，就老这样，所以可能就是这个控制欲，控制能力就会差一些。

老子说过为腹不为目。眼睛给你一个刺激，你就想吃，可是为什么眼睛刺激你就想吃呢？比方你看见那个山崖挺好看，底下是蓝蓝的海，离着200多丈高，真美丽，我跳下去吧，除非神经病是不会跳的。可是你如果胆固醇很高，你还吃肥肉，就跟跳崖差不多了，可是你还吃，原因何在呢？首先这个危险不直接，是间接的，但是你为什么克制不了呢？

【观　众】老师是不是有这种可能，就是人性是贪婪的，他觉得我一直在输入，擅长于做加法，而不擅长做减法，是不是有这种可能。

说得很好，有这种可能。只要做加法。这就要回到老子、赫拉克利特的观点，两个事物是互相转化的，现在我们只往一个方向走，为什么往这个方向走，是习惯使然，不过这种习惯是从哪来的呢？人类在刚开始时，大多数时间是缺乏食物的，吃的是不够的。就中国来说，大概两三千年以来，多数情况下人们都处于半饥饿状态，特别是穷人。杜甫有诗："朱门酒肉臭，路有冻死骨"，总是吃不饱饭的时候为多，更别说在原始社会了。我相信在原始社会狩猎时代、采集时代都吃不饱，在人类的基因中就形成这种 DNA，就是我一定要吃饱，因为吃了这一顿，下一顿还不知道什么时候。大家打死一只猛犸象，部落人把它拉回来，大家坐在那儿，把它切开，围着篝火使劲吃吧。也没有冰箱，过几天就臭了，吃，吃到肚子里，下次再打着一只猛犸象，说不定三月、四个月，半年以后了，所以要储存的欲望特别强。工业革命以后，人类的物质财富大大丰富了，不必看到食物就玩儿命吃了，可几千年形成的习惯哪儿那么容易改变呢？

杰克·伦敦曾经写过一个小说叫做《热爱生命》，形象地说明了人贪婪的本质是怎么养成的。说是一个人在一个冰天雪地的北极陷入了困境，迷了路，又累又饿了，眼看要饿死了。更倒霉的是，后头跟着一只狼，这只狼也要饿死了。狼就跟着他。他很弱，狼也很弱；他走不动，狼也走不动。狼也不太敢攻击他，因为已经饿得没有一点力气了。可是狼又不肯放弃他，因为他是个美味。他也摆脱不了这只狼，心想我也可以把这个狼杀了，吃了。他也偶尔有回过头去抓这个狼，狼就跑。就这样，他走，狼跟着他；他回头，狼就跑。一人一狼，一对敌人，也是一对伴侣，不离不弃，竟然还有点感情了。最后还是人把狼吃了，吃了狼以后就有力量了，终于走到海边一艘船上。到食堂吃饭，猛吃，吃饱了以后，还吃，几天吃成个大胖子。谁吃饭，他就盯着谁，眼睛射出狼一样的绿光，他也变成一只狼了。人说你不是吃过饭了吗？可还吃，还想吃。别的水手就跟他开玩笑，说我这儿有点剩馒头干，面包干，给你吧。他也不管你开玩笑不玩笑，立刻珍藏起来，口袋里背着好多的面包干。这个人好像是疯了，其实他没有疯，饥饿给他造成的心理阴影太重了，他还要积累。他已经成瘾了，积累成瘾了。我们热爱生命，这是当然的。但是这种热爱太过了就要出问题。"甚爱必大费"，爱得过分了，就形成大的损失了，就没有必要了。我们现代人常常有一种积累的欲望，一定要存，储存，家里东西越搁越多，钱多多益善，多少也不嫌多。美国麦道夫诈骗案就是利用了人这种心理。你把钱给他，他给你 10%、15% 的利息。他吸纳的这些钱赚不了 10% 和 15%，就用新投资人的钱给你利息，新账顶老账。你把钱给我，我返回给你一点去，再来，我给的是利息，是 15%，可是我收你是百分之百。只要有新人进来，他的骗局就可以玩儿下去。当然，纸里包不住火，最后还是暴露了，麦道夫也锒铛入狱。可是那些投资人血本无回。最后大贪婪吃了了小贪婪。冰岛金融危机，也有类似之处。冰岛付给投资对象 10% ~ 15% 的利息，英国很多钱都投到冰岛去了，结果金融危机，投资的钱还不上，冰岛几乎要破产了，而这些投资的人也都破产了。为什么呀？这就是不知止。"知足不辱，知止不殆"，这是老子说过的。梅德韦杰夫总统说得不错，金融危机就是贪婪造成的。你贪我也贪，双方都想着与虎谋皮的美事儿，最后泡沫破裂，大家一起完蛋。美国的金融危机也是贪婪造成的。是由次贷危机引发的。一个房子值 50 万，买房者收入很低，买不起，银行为了自己赚红利，非贷给他钱，好了，50 万的房子卖出去了，用房子做抵押。可是房价下跌了，变成 10 万了，买房人只有走人了，反正用房子抵押，现在把房子给你，我走。结果空房子越来越多。我从美国回来就看见一些城市到处都是空房子，为什么，当初贪婪造成的。想住大房子，认为经济会无限地增长，自己的收入会可以无限地增长。房价也会无限地增长。结果陷入困境。

我们要知足、知止，老子说"知足者富"，真正有钱的，真正富的人是知足的人，知足者富。知足之足，才是真足。知足不光是在金钱方面。我们现在眼睛可以看见东西，这个好像很自然，人人都可以，无所谓。但和盲人相比，你就应该为自己有眼睛能看到东西而感到庆幸。如果你有这样的认识，你就会充分利用它。

美国有个作家叫做海伦·凯勒，一生下来就是瞎子、聋子，又瞎又聋。十聋九哑，所以她也不会说话。瞎、聋、哑。这个可怜的孩子她看不见东西，听不见声音，说不出话。可是她脑子很清楚，触觉很好。家里给她请了一个老师沙利文女士，沙利文女士创造了一个奇迹，把这个又聋又哑又瞎的孩子培养成了一个作家，写出令人感动的文章、书籍。马克·吐温说，我们这个世界有两个奇人，一个叫拿破仑，一个叫海伦·凯勒。这个老师怎么教她呢？就跟她坐在一起，一点一点演示，她不有触觉嘛，可以摸，就在她手上拼写，W、A、T、E、R，给她哗哗冲水，你摸摸吧，WATER，手上写着呢，握着呢，懂了，水。桌子，手上写 TABLE，小孩摸，懂了。反反复复地教，先是具体东西，后来是抽象的事物。海伦和他的老师创造了一个奇迹，她自己后来不但能够读盲人的书，还能写。她的一篇长文《假如给我三天光明》，登在美国的《大西洋月刊》上，感动了美国，感动了全世界。她说，假如给我三天光明的话，第一天我就要看看我亲爱的老师莎利文女士，我要看一看这个给我带来光明的人是什么样；我要看一看我的朋友们，我要看一看我的邻居们，他们都长的是什么样子，我从来没看过。第二天，我将到野外去看看日出，看看从黑暗转化成光明是怎么样一个壮丽的景观。我的老师在我手上写过日出，我可是从来没有见过。世界上难道有这样的事情吗？一个大火球从地平线上升起来，照耀世界，把一切从黑的变成白的，这可能吗？太阳会升起来，地球会旋转，这是真的吗？这是非常奇怪的现象，非常让人震惊，是何种壮丽的景观！可是我们几个人去看日出呢？登泰山你会看，可是如果到郊外看看日出将是何等的精神上的洗礼呢？我们没有意识到，可是海伦·凯勒意识到了，因为她没有，她才意识到。我们有，而我们却没意识到。我们只是意识到我们邻居有汽车，他的汽车跟我们的牌号不一样，我们的邻居有五间卧室，我们两间。你只是意识到这样，可是你能够有的东西你并没有利用。就像日出这样习以为常的景色，我们就放弃了，要海伦·凯勒来提醒我们，要老子告诉我们得与失的道理。海伦·凯勒接着说，第三天我要看看纽约城，我听我老师在我手上写过纽约城有尖塔，我也听我老师讲过神话故事，讲过尖塔，讲过童话一般的美景，纽约市不跟童话一样吗？人们来来往往，上班下班，而在它的后面是哈德逊河，是桥梁，是高楼，是大厦，我要看看人们的日常生活。我们每天行走在城市里，我们谁注意街景了，我们烦还烦不过来呢！这么热，车这么多，这个交警怎么管的交通。这这个人抢道，那个人讨厌，我们哪个人正式欣赏我们周围的景色呢？海伦·凯勒说，我有一天问我的朋友，他从外面回来，我说你在外面看见什么了？你去哪儿了？我的朋友说我去森林了。我说，你看到什么了，他说我什么也没有看见。海伦·凯勒说这怎么可能呢？难道你没有看到树叶长在树上吗？你没有看到小虫在爬动吗？你没有看见清脆欲滴的小草吗？然后，海伦·凯勒说明眼人看不见这些东西，他们不知道眼睛的可贵。这是因为我们习以为常了。如果我们不习以为常，如果我们珍视这些，我们就会知足了。

【观　众】老师，我想到了《庄子》里面的一句话，"瞽者无以与乎文章之观，聋者无以与乎钟鼓之声"。就是说眼睛看不见的人你不能和他一起欣赏美好的文章，耳朵聋的人不能和他一起听这个美妙的音乐，指出眼睛和耳朵的重要。海伦·凯勒却提醒我们，人耳朵和眼睛没有故障，可是心可能有故障，我们的心可能被一些东西困扰住了，甚至可能死了。海伦·凯勒虽然眼睛失明，也不能说话，但是她的心是活的。

说得很好。这是心的问题。她的心是活着的，她虽然失去眼睛，但是心更活跃了。可是我们有眼睛，更要让心活跃起来。我们每个人有多少天光明，她要求三天就够了，她说我到此为止，我绝不奢求，我不贪。我们有三万天，至少三万天。如果每一天都想今天我看到光明的最后一天，明天我什么也看不见了，如果每天这样想，他我们将看到多少东西。

【观　众】这个故事让我想起了小时候我们做过一种游戏，就是比赛谁闭着眼睛走得更远，当你走出过几十米的时候，你就走不下去了，仿佛有一种力量让你感觉到非常害怕，必须要睁开眼睛才能往前走。海伦是一个盲人，三天的光明对她来说非常宝贵，在她看来三天就足够了。对正常人来说，是不是也有必要去体会一下三天黑暗，让你更加明白那种知足常乐的感悟呢？

对，见解非常好。我们可以体会，如果试试三天黑暗什么样，就说我三天不睁眼，会怎么样，会多少困难生活，然后你再睁开眼。别三天了，三小时，有几个人受得了？今天咱们的人来三小时黑暗。回家试去，别在马路上试，回家以后试三小时黑暗看看，明天你感觉如何。

知足，还要看他利用有限的资源怎么做出好事情来。意大利音乐家帕格尼尼被称为魔鬼的孩子，他的小提琴拉得太漂亮了。天籁之音，可惜那个时候没有录音机，咱不知道他拉得多漂亮，肯定比现代人拉得漂亮。据文字记载，听他小提琴的人都如醉如痴，像孔子说的三月不知肉味。有一天帕格尼尼在大风雪的晚上演奏，贵族们能买得起票的人全来了，挤满了音乐厅。帕格尼

尼上台了。不过这次他的运气实在是太坏了：一上台，
皮鞋钉子扎穿了鞋底，钉到他脚跟里了。于是帕格尼尼
一瘸一拐地走到台中央。音乐会很严肃，可帕格尼尼的
怪异姿势引来哄堂大笑。这可坏了，演员最怕这个事，
穿着盛装，一唱歌，哗哗底下笑了，能不慌了吗？帕格
尼尼没有慌，没有受到这种干扰，因为他已经进入音乐
的境界。琴声刚起，蜡烛倒在乐谱上了，"噗"乐谱着
了！底下哗哗又笑了。喜剧演员也没有这么幽默的了。
两场大笑就足以致命了，心脏病就可能犯，一世的英名
就可能毁于一旦了。帕格尼尼没有笑，谱子着了，不看
了，即兴演奏！琴声把大家带到了春天的原野，春风吹
动了浮冰，天边流动着白云，万物回春，布谷鸟在远处
叫，溪水在流动，春天的气息让人们心中充满了幸福，
一切烦恼都忘记了。观众立即由嘲笑转为了尊敬，由尊
敬转为了崇拜，由崇拜转为了心灵的洗礼。本来这就不
错了，可是又一件事坏了，拉着拉着突然小提琴的第一
根弦，A弦断了。底下哗哗又笑了。三笑，帕格尼尼不
笑，我就用三根提弦继续演奏，结果比这四根弦演得还
好。春天的原野变成了夏天的盛景，草木葱茏鲜花盛
开，天上的白云染上了黑边，暴雨倾盆，雨后的田野一
片葱绿。大家又如醉如痴了。谢幕，下台，观众起立鼓
掌，掌声雷动经久不息，持续几十分钟。帕格尼尼一看

下不了台了，再回来演奏。这回帕格尼尼悟出了一个道理，失去了一些东西并不见得事情就做不好，没有乐谱我可以奏得更好，那三根弦可能比两根弦奏的更好。干脆，豁出去了！只见他从口袋里拿出一把刀子来，啪啪，又拉断两根弦，第二根弦 B 弦，第三根弦 C 弦都拉断了，只剩一个 J 弦，J 弦本来就优美，有一种歌唱家的感觉，他就用 J 弦演奏，没有想到效果非凡之好。春天变成秋天，落叶、苍松、秋风，天空比以前更高了，收获的季节到了，树上美丽的果实到处飘香，秋天的胜景就荡漾在他的小提琴下。这种特殊的奏法，就是帕格尼尼演奏法，光用 J 弦拉，这是他在偶然中发现的，是在他发现放弃就是获得的时候发现的。

而我们现在却常常埋怨我们先天不足，哎呀，我个子太矮了，我太胖了，我脑子不好了，我家庭出身不好了，我没有关系了，我们家钱不够了，我长在农村没有长在城市等等作为理由，而不是从自身的现实条件做起。我们应该从帕格尼尼身上学一点东西，不足也是一种资源，放弃也是一种智慧，我们用有限的资源创造出更大的美来。我们应该从老子的身上得到启示，我们知道得与失执病，有时候失未必见得是坏事，从失中会常常会学到一些东西，会做得更好一点。

刚才说知足，现在说知止。有些人不知道这点，取

《道德经》四十四章：知足不辱，知止不殆。可以长久。

《道德经》九章：持而盈之，不如其已；揣而锐之，不可长保；金玉满堂，莫之能守；富贵而骄，自遗其咎。功遂身退，天之道。

得成果以后，不知道停止。老子说："知止不殆。"这个道理有些人不懂得。当然懂得知止的道理的人也很多，我们中国人也很多。"功遂身退"是老子说的。在美国有个城市叫辛辛那提市，这个名字有点来历：古罗马的一个将军叫辛辛那提，他在拯救了罗马之后退位。辛辛那提市就是以这个"知止"的伟人得名的。

不知止人有很多，比如说拿破仑。拿破仑本来是一个革命家，领导法国人民推翻了封建王朝。结果他取得胜利以后，居然要当皇帝，革命家要当皇帝，这不很可笑吗？你本来是追求平等，为民众服务，等你成功了以后要当皇帝，这不是对自己的否认吗？你如果去过卢浮宫，有一张拿破仑皇帝加冕图，画中拿破仑手里捧着皇冠。本来应该是教皇给他加冕，戴上皇冠。结果呢，他来了个绝的，把教皇晾在一边，自己给自己戴上皇冠。于是画面上就出现了尴尬的教皇和手捧皇冠的拿破仑。这可谓不知止到了极点。结果后来征俄国，大败而归。与反法同盟交战，最后在滑铁卢战败，被流放到海岛。他在海岛上倒是写了不少文章，自己有所反省，写了不错的文章。他给英国物理家、化学家法拉第写过一封信，信中说：我检讨我的一生，我看到你的成就实在使我钦佩，我把我的一生都浪费在无用的事情上了。其实他没有浪费，他前半截做的很好，他只是不知止，不知足造成的浪费。

　　与拿破仑形成鲜明对比的是华盛顿。华盛顿是美国第一任总统，他做得很好，他组织大陆联军，任总司令，战胜了英国，取得了北美的独立，建立了美利坚合众国，而且被选为第一任总统。根据法律，八年以后必须卸任。这时他的一个部下，跟他南征北战的一个铁哥们给他写信，说：总统阁下，你做得太好了，我认为为了使咱们的革命精神发扬下去，为了使美利坚合众国繁荣昌盛，为了使我们能够跟欧洲的帝国平起平坐，我建议您当美利坚王国的国王，或者美利坚帝国的皇帝。华盛顿回了一封信，他说：从今以后请你不要再给我写这样的信了，我坚决拒绝你的请求。对于我来说，能够享受一个农家之乐是更大的幸福。不但不当皇帝，总统也绝不多做一天。所以就在美国形成一个传统，就是到点就下台。在这一点上华盛顿比拿破仑高明多了，所以今天美国的首都叫华盛顿，在华盛顿矗立着他的塑像，这个塑像不止是庆祝他领导美国独立战争和美国革命，同时也是表彰他知止，知道什么时候适可而止。如果他真的当了美国皇帝，我相信美国会爆发第二场革命，那就是推翻华盛顿。因为历史是不可以开倒车的。

　　历史是不可以开倒车的，这可不是一句玩笑话。袁世凯的皇帝梦只做了 83 天，沦为笑柄，这就是开历史倒车的下场。

我们都是普通人，不是拿破仑，也不是袁世凯，可是我们有很多很多的时候也需要适可而止。老子说："功遂身退，天之道。"你的功业完成，就要退下来，这是天之道也。我们在日常生活中，在我们事业顶峰，要想到急流勇退。在你的演后暴风雨的掌声响起时，你要鞠躬下台。你的股票赚钱了，及时清仓。多少人倾家荡产不肯卖，最后倾家荡产了。所以懂得进懂得退，才是一个聪明的人，一个智慧的人。李白的《行路难》说得好："吾观自古贤达人，功成不退皆殒身。子胥既弃吴江上，屈原终投湘水滨。陆机雄才岂自保，李斯税驾苦不早。"他举了四个古人来说明"功成不退皆殒身"。其中李斯的遭遇值我们大家注意。李斯本来是上蔡这地方的一个平民百姓，后来他投奔秦朝，辅佐秦始皇统一中国，参与制定法律，统一文字、度量衡，统一货币，功劳显赫，做到了秦朝的宰相。但这个人没有原则性，为了保持自己的地位是不讲原则。他曾说："物极则衰，吾未知所税驾也。"我已经位极人臣，物极必反，可惜我不知道停车休息。税驾就是把马解开，停车休息。他这个话很有意思。他知足，我一个布衣，今天我爬这么高，我很知足。但他不知止，停不下来，位极人臣下不来。结果最后被判腰斩。《史记》记载，说李斯和他的二儿子一起被杀，父子俩抱头痛哭。他就跟他而儿子说："吾欲与若复牵黄犬，俱出上蔡东门逐狡兔，岂可得乎！"我想跟你带着我们的大黄狗从上蔡东门出去，去追兔子，还可能吗？事到临头，连做个平民百姓都做不到了，落得个父子相对受刑。这个时候，他大概理解到这个"税驾悔不早"的问题了。这个故事给我们深刻的启示，那就是要知足知止。

如果我们知足和知止，我们就知道如何努力，知道如何前进。知足给我们解除了精神枷锁，我们看见一个满天星，满地花的境界。知止使我们长上了翅膀，在人生的世界翱翔。我们会像海伦·凯勒一样，甚至会比海伦·凯勒做得更好，因为我们看见了日出，看见了亲人，看见了朋友。我们虽然不是拿破仑，不是华盛顿，但是我们会把我们的日常生活过得像皇帝一样幸福，因为我们知足知止。幸福是属于知足、知止的人的。

老子说过："甚爱必大费，多藏必厚亡。"爱得过分反而造成损失，在我国父母对子女有点甚爱，爱得过分，必大费，没给孩子一个锻炼的机会。有句话叫做子女是经过你来的，而不是从你这儿来的。子女是一枝射出去的箭，他已经离开你了，还他一个自由，给他一个空间。你总搂着抱着不松手，结果他也烦你，你也烦他，关系反而搞僵了。夫妻之爱也是如此，如果我爱你

《道德经》四十四章：名与身孰亲？身与货孰多？得与亡孰病？是故甚爱必大费，多藏必厚亡。知足不辱，知止不殆。可以长久。

就可以无限地占用你的注意力，占用你的时间，这反会适得其反。有句话叫做"在天愿为比翼鸟，在地愿为连理枝。"在天愿为比翼鸟，不错，两个鸟飞翔。这个连理枝就不太好，两个树一掺和，你掺我，我掺你，结果两棵树都营养不良。这树之间应该有点距离。一个好的建筑，中国建筑也好，外国建筑也好，柱子都是分开的。你要这个建筑物柱子搁在当中合为一个，四棵柱子搁在当中，这房子就倒了。所以彼此之间保持一定距离，这才是真爱。真正的爱有种距离美，这才是真美。我在外国教书，西方父母对子女，爱是爱，但是他知止，适可而止。我给你供到大学毕业，对不起，房子自己买去吧。结婚一定给你钱。把我的房子让给你，没那事，没听说过。在我们国家很常见，结果这子女关系是那么好吗？我看不见得。要不然怎么会有"啃老族"这个词儿呢？我看这可以从老子身上得点启发。

【观 众】赵老师，我还想问一个问题，是关于英国王子查尔斯和戴安娜公主的。戴安娜拥有美貌，拥有全世界人民的支持，但是她就是拥有不了查尔斯对她的爱情。可卡米拉好像没她美貌，被大家斥为第三者，没有任何人支持她，但是她却能够得到查尔斯的真爱。卡米拉和戴安娜，她们两个孰得孰失？到底她们俩谁是胜者？又胜在哪里呢？

查尔斯王子对戴安娜公主很忌妒。戴安娜公主把这个风头都占了，他很忌妒。这听着可笑，你都是王子了，你还忌妒公主。这说明他爱自己更厉害。他忌妒戴安娜这不可笑吗？戴安娜为什么是个悲剧呢？我觉得戴安娜的成就，她这一切名利和地位，是很容易地得到的，并不是她经过努力得到的。先有名誉，先有地位，先是公主，之后她要为她这个名誉和地位付出代价，她要付出。我们都是先付出后得到，戴安娜是先得到后付出。一切行为要与王室中的地位相称，要保持尊严，要尊重女王，和女王保持什么关系。她不愿意了，她受不了了，因为要付出太多。先付出后得到，才能有幸福。如果你得的太多，很少有幸福的。突然中了乐透奖，不是通过努力得到的，天下掉大馅饼，很少有人幸福。这个得反而有可能是大失。经过一天劳累的睡眠才是最甜的，经过暴风雨中来到海港才是最幸福的。经过努力得到的幸福才是真的幸福，没有付出的得是一种灾难。

【观众】听您讲知足、知止，让我想起林语堂先生的《吾国与吾民》。里面有专门一个小节，谈中国人的知足的境界，我觉得就很符合老子的这种精神。他说一个人如果有个别墅，家里有游泳池，有百花园，当然这是很好的。如果没有，你在山脚下，小溪边建个茅屋，每天看看夕阳，看看打鱼的，渔樵问答，畅想一下人生，这也是很好的。如果你不能隐居，必须居住在市井当中，你有一间房子，或者一个小院，养养金鱼，养养鸟，这也是一种享受。如果这些都没有，只有一间斗室，那么每天月亮升起来的时候，推开窗户，上看看月亮，再泡上一壶茶，对一个人来说可能已经够了。假如再像李白那样写出一首《静夜思》，那你可能就什么都有了。我想：如果这些都没有，连月亮都没有，不如捧一本《道德经》来读一读。如果手头没有《道德经》，也可以听听《新杏坛》，听听赵先生的讲课，这些也是一种知足的境界。

说得好。

【观 众】赵老师，听完您的讲座，我又想起了黎巴嫩诗人纪伯伦的一句诗："我们已经走得太远，以至忘了为什么而出发的。"生活中的患得患失让我们失去了对本真生活和生命状态的体认，我们甚至被物化了。我们迷失了自我。老子的教导就像是醍醐灌顶，让我们猛醒：知足不辱，知止不殆。该止的时候止一下，做生活的主人，享受自己的生命。

对，好。

【观 众】今天听了老师这个讲座我有一个感想。老子说的"名与身孰亲？身与货孰多？"是在强调，在处理名利与身的关系时，要把前者放在次要地位，要据量一下：名利与身相比，哪一个更应该亲近，哪一个更为贵重，而不是说完全否定名利。

现在的人，特别是年轻人，上学也好，工作也好，好像还是应该有点追求的，对于名利二字不能不讲，只要不过分，还是应该允许的。那么怎么做才能不过分呢？应该像于右任先生说的"计利当计千秋利，求名应求万世名。"

老子的开示：想长寿吗？简单！

Qiguay Zhao 4/2/2006

飘飘如不系之舟

庄子说:"巧者劳而知者忧,无能者无所求。蔬食而遨游,泛若不系之舟。"这不是说无能就好,而是说我们应该允许自己飘离固定的航线。我们应该允许自己凝视天空,接受潮流的推送。我们的航船不一定沿着预定的方向一路前行。当我们随风飘荡,我们就能自由观赏周围的美景,不会担忧下一个港口在何方。一旦创造了和平的心境,心灵之门也就向知识开启。智慧之光就会在我们周围跳跃闪烁。你想让世界快乐吗?你自己先快乐吧!为世界而快乐才是真正难以学到的真知卓识。

绘画及说明文字:赵启光

今天我们讲老子养生术。

老人给孩子讲故事，常常是这样开头的，从前有一个王子和一个公主，他们克服了重重困难，最后结成了伴侣，然后幸福地生活下去。孩子就问，后来呢？老人说后来就幸福地生活下去。小孩还问，后来呢？老人不耐烦了，后来就死了。小孩非常失望，孩子愿意他们永远生活下去，因为孩子天真，孩子相信永恒，相信不朽。而这一点呢正和老子一样，老子和他所创立的道家一直是天真烂漫的孩子。老子说过："含德之厚比于赤子"，就是这种赤子之心，他们相信奇迹，不相信常规，相信人可以永远健康、幸福地生活下去，相信一个童话，一个美丽的童话。西班牙哲学家乌纳穆诺在他《生命的悲剧意识》这本书里说过，人都相信永恒，人的本质是追求不朽。人们可以懒惰，可以这样懒惰，那样懒惰，唯一不能原谅懒惰的就是放弃了对不朽的追求。这是人类的本质。可是我们在很早的时候大人就告诉了人都是要死的。有一个笑话，有人看电影，看一个 30 年代的电影，银幕上的演员青春美貌，真是一片花花世界。一个人问另一个人他们有什么共同特点，回答是他们都很漂亮，都很勇敢，都很幸福，坏人都很坏，好人都很好，都不对。答案是他们都死了。这个答案像一块沉重的石头压在我们心上，我们谁不希望自己永远活下

《道德经》五十五章：含德之厚比于赤子。毒虫不螫，猛兽不据，攫鸟不搏。

去呢。而在世界各种信仰中只有道家坚信，通过斗争、通过努力人可以在这个世界上生活下去。这个就是老子对生命的态度。老子对生命的珍爱，对生的珍爱是天下第一的。所以我们说老子天下第一，在追求生命、追求健康这点上也是天下第一。

老子不止是相信人的不朽，他还提出了很多保障生命、幸福发展的方法。那个时代没有实验科学，医学也没有，解剖学也没有。老子凭着对自然的观察，凭着思索和智慧的力量，提出一些原则，这些原则后来成了中医的基础。比如说老子在养气方面提出了很多见解，我给他总结成老子的养气三段法。

第一段，"载营魄抱一，能无离乎？"让精神和身体结合在一起，能够使它们不分离吗？我们的意识和我们的身体紧密地结合起来，可以在我们身上创造一种力量，也可以叫做气。现代科学已经对此有所研究，大脑的力量可以帮助我们却病延年。我们都有大脑，我们都有思想，可是我们的思想常常是对外的，分析周围的事情，这件事怎么样，那件事怎么样，这件事安全，那件事不安全，趋利避害。可是我们很少有机会让大脑回归自身，内观，看看我们内心的世界。如果我们静下心来，用我们大脑的力量其实是可以控制一些疾病的，比如说癌症。事实证明，人通过默想，通过气功，通过太

《道德经》十章：载营魄抱一，能无离乎？专气致柔，能如婴儿乎？涤除玄览，能无疵乎？爱国治民，能无为乎？天门开阖，能无雌乎？明白四达，能无知乎？

极拳可以消除癌症细胞，特别是我们培养一种乐观的情绪，可以控制疾病的发展，就是说营魄、抱一可以使我们健康的。道家有个思想就是"反对无限制发展"，认识到事情的局限性。在我们身体中，如果一部分细胞无限地发展下去，那就是癌症，我们的大脑在一定程度上可以控制它。而我们培养乐观的情绪，在很多情况下也可以使我们健康起来。在生病的时候，我们的大脑常常地在潜意识里有一种观念，活下去没有意思，我不指望活下去。作为人类一员来说，我这个个体对于我这个整个人类的存在和发展是个累赘，老人觉得对自己家是个累赘，或者是家里人没有给他足够的温暖，虽然他不自杀，但是我们可以部分自杀，身体的一部分可以向你的大脑发出信息，说你在这个世界上存在已无必要。分阶段地已经进入了一个自我毁灭的状态。

但是如果我们培养起一种乐观的情绪，如果我们像老子说的那样，比于赤子，有一种赤子之心，那么我们就会毒虫不螫，猛兽不据，攫鸟不搏。毒虫都不蜇我们，猛兽都不咬我们，猛禽都不会来抓我们。老子不知道病毒，老子也不会说细菌，更不会说癌症，但从宏观的一面指出战胜疾病的原则那就是第一条养气，载营魄抱一，能无离乎？这是我说得老子养气三段法的第一段。

第二段，"专气致柔，能如婴儿乎？"我把我的气专起来，控制呼吸，能像孩子那样吗？又是婴儿。大家看老子是不是婴儿赤子之心？他让我们回到婴儿状态。专气致柔，用呼吸的力量来控制我们，这个是非常重要的。大脑能够控制我们内部的器官，但直接控制力量是较弱的。很少有人能说我让我心跳怎么样，让我消化怎么样，或者让我肝怎么样，肾怎么样。但是肺我们是能够控制的，所以呼吸是我们营和魄的一个关键。为什么古人重视气呢？我们控制气的时候，大脑就对我们的器官进行控制了。我们如果深呼吸，血压会降低，血糖会降低。可以举个例子，你到医院量血压，兴冲冲坐这儿了，大夫老式的血压计，啪啪一量，180 高压，低压120，高。大夫说："一边坐着去。你刚进来，气喘吁吁的，看样子家里有事，别想你家里的事，深呼吸。"你坐到一边去了，静下来，想点愉快的事，你喜欢花的想想花，喜欢鸟的人想想鸟，喜欢孩子的人想想孩子。回来了，一量，160，100，大夫说了："行"。你不妨再提一个要求："大夫我可以再静一会儿吗？"大夫说："再静一会儿吧。"你又静了一会儿。再一量，130，80，你高高兴兴走了。这说明什么问题呢？说明你脑子能控制血压，可是你只是在跟大夫那儿控制了，你骗骗大夫，骗骗你自己而已，那你为什么不在平常生活中就这样控制自己呢？你为什么平常生活中不想想你舒心的事情，你为什么不深呼吸呢？你完全可以把在量血压前的准备搁到你日常生活中。

老子常常说静，静为躁君，静能控制躁。静的一个重大的特点就是要控制呼吸，深呼吸。这可以使我们整个节奏放慢，进入静的状态。老子说专气致柔，能婴儿乎？有些人发展得更过分，说呼吸可以慢，再慢，慢到什么程度呢？像婴儿一样，像胎儿一样，胎儿不通过肺呼吸，有人可以不呼吸，可能只是极个别的现象。后来道教也是常常把事情说得非常极端化。不呼吸恐怕不行。但是呼吸慢一点，深一点，绝对是正确的。我们多数人呼吸是太浅了，我们周围有氧气，而我们常常不会利用它。我们心情紧张、遇到危险的时候，呼吸是浅的。如果原始人遇到老虎，立刻喘起来了。我们的生活中，虽然没有老虎，可是我们常常处于危险状态，现在社会给我们造成很多危险，很焦躁，这时候我们就呼吸又浅又快。那么我们就想象自己走在大自然中，看着雨后的彩虹，四围的鲜花，潺潺的小溪……你再深呼吸，那时候你的血压、血糖一定会降低的。这种自我调节不止在量血压那一刹那，而是在保持你的生活中，那就要"专气致柔，能如婴儿乎"，婴儿不相信死亡，婴儿相信世界是善意的。我们可以拿出一段时间给我们自己，让我们回归婴儿，再回到社会中，回到生活中，我们会更有力量。一个快乐的人不光是自己快乐，也能使别人快乐。我们在座的有些老人，我们老人和中年人，爱自己的亲人，爱自己的孩子，总想为他们做些什么。其实你用不着给孩子买汽车，你甚至不用管你孙子上学，把自己弄健康了，就是对孩子的最大的爱。为什么呢？如果你一旦生病，你得住院，家人要陪伴你，整个家庭乱套了。所以你与其追孩子跑，追着孙子跑，追得人家挺烦，给人做这，做那，还不如使自己健康，使大家都跟着幸福。我觉得一个幸福的人会产生一种气场，周围的人都跟着高兴。一人向隅，满座为之不欢；一人欢笑，满座春风。有人说道教比较自私，我看这不是自私，这是尽自己最大的责任。我们每个人都专气致柔，我们就像孩子一样欢乐，地球就是一个大花园。

庄子把专气致柔发展了。他就讲过这样一个故事：有一天，一个叫天根的在河边看见一个无名人在那里静坐，天根就向无名人请教怎么样治理天下。无名人说："走开！走开！我正到了六极之外，无何有之乡，在一个虚虚无缥缈的境界，我正观天地交合，跟宇宙共鸣。你居然我治理天下的事，讨厌。"天根还不生气，过了一会而又来了，再问。无名人无奈地告诉他："汝游心于淡，合气于漠，顺自然而无容私焉，而天下治矣。"

这里，庄子讲了几个步骤：游心于淡，让心游在淡漠中。合气于漠，把气合于漠然，脱离焦躁，脱离过度兴奋，处于一种平静深沉的漠然之中。然后顺从自然，排除自我。这样天下就太平了。大家注意天根问的是怎么治理天下，无名人回答的是怎么自我修养。似乎文不对题。其实你如果自我修养好话，你就可以把这种健康幸福的感受传播给全世界，全世界的人都觉得健康幸福，天下不太平也难。

第三段，"涤除玄览，能无疵乎？"涤除是清理，玄是神秘的，览是所见，能无疵乎？使自己的心静下来。清理自己内心深处的问题，把那些消极的、痛苦的感情从内心深处赶出去。这个时候虽然不可能百分之百的干净、无疵，但是你也可以使自己的内心深处更洁净一些。

这就是我总结的养气三段。第一，载营魄抱一，能无离乎？大脑和身体结合起来。第二，专气致柔，能如婴儿乎？控制呼吸，像孩子那样快乐。第三，涤除玄览，能无疵乎？让自己内心深处保持一种平静、祥和和愉快的心境。

上面我们说到养气三段法。现在介绍一个老子对养生的重大的贡献，那就是人要仿效自然，亲近自然。要健康、长寿，我们就要和自然亲近，用现代一句流行的话，叫零距离接触。越和自然接触得多，越少一些人为的东西，我们就会越健康。老子说："人法地，地法天，天法道，道法自然。"人要追随效法地，地要效法天，天效法道，道效法自然。这个自然是自然而然，不受外界控制自己发展的意思。大自然脱离于人的控制，依照自己的规律演变发展，所以这个自然也可以理解为大自然。老子提出要仿效自然，首先在这个行为上要仿效自然。大家知道，太极拳就是对大自然的模仿。像什么白鹤亮翅、倒卷肱、云手这些动作是对大自然的模仿，但这只是浅层次的模仿。太极拳高层次的模仿是对宇宙最基本的运动形态的模仿——匀速运动。牛顿说过，如果没有外力的作用，一个物体会永远地静止下去，或永远地匀速运动下去。要么静止，要么匀速运动。但是地球上因为有地心引力和空气阻力等因素，匀速运动是很难实现的。但如果在宇宙空间，比如发射火箭到宇宙中去，脱离地球以后，它一定是匀速运动。宇宙空间中的天体，如果没有外力作用，它的运动肯定是匀速运动。太极拳看似迟缓，但它是对宇宙最基本的运动形态的模仿。人类本来是运动的，生命在于运动。早期人类要在树林里追逐鸟兽，打猎，要到野外采集野生动物，不会坐着不动的。但是随着社会的进步，人们能够不动了，所以我们天天坐在那里，坐在计算机前边不动，打麻将一打十几个小时，看世界杯，看完一场又一场，看完了以后和几个朋友坐着讨论，不动，这是违背自然的。所以我们在行动上模仿自然，这样就会健康。当然，过于剧烈的运动也是违反自然规律的，对身体是有害的。要中庸，中庸之道的运动是更符合自然的。

行动上要仿效自然，饮食上也要自然。老子说："为无为，事无事，味无味。"老子这段话非常深沉、开阔、宏大，又很幽默。为无为之为，做无事之事。品无味之味。要吃这个没有味的东西，不能够只追求好吃，为了好吃而吃东西。有些东西不要吃得太多，太肥、太咸、太油的东西都可能危害生命。吃东西是一件小事，但是也是一件非常大的事。有句话叫"病从口入"，过去说病从口入常常是指传染病。而体重增加，胆固醇增加，其实是更大的危险。美国肥胖的人占50%以上，超体重，极度肥胖的人有1/3。中国肥胖的人大概31%左右。这不是什么好事。老子说："为学日益，为道日损。"你做学问的时候要每天增加一点，追求道要每天减少一点。体重也需要"日损"。多数人都需要减少一些体重，这样心脏的负担才小，我们的肌体才能正常运转，而这一点我们常常忽略。老子说过一句话："余食赘形，物或恶之。"余是富余的余，食是食品的食，赘是累赘的赘，形是形体的形。多余的食物和多余的形

《道德经》六十三章：为无为，事无事，味无味。大小多少，报怨以德。图难于其易，为大于其细。

《道德经》四十八章：为学日益，为道日损。损之又损，以至于无为。

《道德经》二十四章：余食赘形，物或恶之，故有道者不处。

体，都是不好的，大自然都会讨厌你。这太超前了，超前了2500年。在这方面老子认为要适量。怎么适量，老子也没有说。我有个建议，吃到黄金数字，这个黄金数字是古希腊人发现的，就是发现什么是最美的形体，腿的长度与身高的之比是0.618是最美的。不过一般人都只到0.58左右，上身稍长一点，可是0.618是最美的。女同志爱穿高跟鞋，是往这个数字上靠，跳芭蕾舞要踮起脚来跳，也为这个是黄金数字。所以吃呢，吃0.618饱，半饱，就可以了。老子说过："持而盈之，不如其已。"你拿的东西太多，结果四处洒落，不如不拿。那么应该拿多少呢？0.618就可以，就是比中间稍微过一点，中等就好，这是符合自然的。

吃东西的量要控制，要自然；吃的东西更要自然。凡是经过加工的就是要注意，越是和自然直接接触的东西越是好的。经过加工，添加这个，添加那个，食品公司赚点钱他觉得不合适，总得给你加点东西，最后把这个营养给你弄丢了，然后加了好多对身体不利的东西。与其这样，不如回到自然。人们吃东西，总说咱们吃点好的，吃点贵的，好像越贵越好，其实不是这样。

除了饮食要自然，人也要融入自然。现代社会剥夺了人和自然接触的权利，空气、水、阳光都被剥夺了，城市化、高楼大厦造成了我们和自然的隔绝。我们要到自然中去，到树林里散散步，到郊区爬爬山，到湖边看看景，从大自然中吸收物质的营养，同时吸收精神的营养。多晒晒太阳，很多人缺钙，补钙，吃这个，吃那个，你不如晒会儿太阳，有维生素 D 才能吸收钙。人本来就是阳光下的生物。你剥夺了阳光那就是违反自然的，所以我们不要逆自然而行，要顺自然而行。

我们还要思维自然。思想要自然，要合理。老子说过："不失其所者久，死而不亡者寿。"不失去他的居所的地方就能长久，死了而不消失的才是长寿的。我们的所是什么地方？是大自然，我们要回归自然去。古人追求长生不老，这是不是可能，可以探讨，至少延长寿命是可能的。道家的乐观主义，一种像孩子一样的天真，一种对理想的追求，一种对心灵解放的追求是我们永远不应该放弃的，是我们应该永远继承的。

爱因斯坦有这样一个公式：$E = MC^2$，E 是能量，M 是质量，C 是光速，光速的平方和能量相等。换句话说质量可以转化为能量，一个小铅笔就可以转化为非常非常多的能量，这是爱因斯坦发现的理论。现在事实证明是对的。能量和质量是可以互相转化的。老子相信转化，老子最大特点就相信转化，这两种不同的东西，能量和质量之间是可以互相转化的，生和死也是可以互相转化的。老子关于转化有非常高的见解，这个对我们研究老子对生命的认识，对健康的认识非常重要。《道德经》第十六章里说："致虚极，守静笃。万物并作，吾以观其复。夫物芸芸，各复归其根。归根曰静，静曰复命。复命曰常，知常曰明。不知常，妄作凶。知常容，容乃公。公乃全，全乃天，天乃道，道乃久，没身不殆。""没身不殆"这句话就是说永远不会在世界上消亡的。老子重视静，静是宇宙的本质，我们要追求静，然后是循环，归根。要知常，不知常就会狂妄地做一些错误的事情。现在，我们人类对自然就是"不知常，妄作凶"。妄作凶有很多例子，大家可能还记得2003年曾经有一次非典大流行，后来有好多次疾病流行，但那年非典好像是非常恐怖，我那会儿回北京，北京城里白花花的，每个人都戴着口罩，人们见面，相视以目，不敢说话，怕互相传染。到外地问你是不是北京人，是北京人先把你关两天，测测有没有非典。我们记性小忘性大，好像忘了这个事了。不过七八年而已，在人类历史上七八年是短暂的一瞬。非典就是怎么来的呢？后来考证出来是人吃果子狸，这个果子狸是一种动物，人们却非得吃它不行，它身上有一种病毒，人类对这种病毒没有抵抗力，人因为吃果子狸而把这种病毒"请"进体内，结果酿成大祸。而这是典型的妄作凶，是对自然的极度不尊重。人类仿佛变成了自然的主人，于是为所欲为，吃鱼要吃活鱼，甚至吃猴脑，这都是非常残忍的。不止如此，还要现宰现杀，名之曰"点杀"。这是一种什么心理，这是一种征服者的心理。这是种违反自然的妄作，自然会惩罚你。非典的时候，大家还都有点道家思想了，下了班以后，自己回家喝点茶，种点花呀，看点书，挺高兴，不用应酬了，见面怕传染非典，吃东西也挺素，路上也不堵车了。我们不说这是一件好事，现在经济好像只有发展，路只有往前走。你只要往一个方向走，不反复，这是不对的。老子说了，各复其根，归根曰静。要动，要静，要反复，物极必反。只往一个方向发展，将来一定是出问题。身体中只往一个方向发展的，只有癌症，癌细胞是往一个方向发展，即细胞无限制地增殖。任何其器官都会到一定程度，长到一定程度自己会控制不长。如果不停地长，那就是癌，最后会把你吞食了。发展是好事，我百分之百支持，但是质量，一种对生命的态度，一种对美的追求，也是应该占着我们生命的重要位置。老子的生命哲学有什么样一个象征意义呢？佛教有莲花，莲花象征一种纯洁，一种美，一种觉悟的境界。基督教有十字架。老子有什么象征呢？水。老子说："上善若水。"水愿意往低处流，水生生不息，往前走，它润泽生命，有不争之德。人类身体的大部分都是水，70%到80%是水构成的。我们大家不是

《道德经》八章：上善若水。水善利万物而不争，处众人之所恶，故几于道。居善地，心善渊，与善仁，言善信，正善治，事善能，动善时。夫唯不争，故无尤。

人，是一袋一袋水在这儿坐着，别的动物看起来很奇怪，这么会这样坐着、竖着。其他动物都是俯卧的，我们和企鹅是孤独地直立行走的，两袋水这样站着。有水就有生命，生命在于水。大沙漠里没有生命，你到澳大利亚的中心区，一望无际的大沙漠，那就是死亡。而这个宇宙中，只有地球有水，有些科科学家在哪儿哪儿发现水了，那都是揣测，是水的遗迹，石头有水状了，是揣测，并没有发现真的水，只有地球上有水。有水的可能性是几百万分之一，有生命的这种可能性太低了，而就是这几百万之一的可能性居然被我们拣到了，多幸运。所以要保护，保护水。老子从水引申出七个特点，这七个特点是我们追求生命，维护健康的法宝。第一，居善地，居住在好的地方。居住地点要多水。这个用不着老子说，人类是逐水草而居，必须有河，济南为什么是好地方，泉城。过去有人说你看上帝多好啊，让所有的大河穿过城市。这其实不是上帝造的，是人类把城市建在水边上。没有水就没有生命。人类定居以后，必须挖井，傍河。现在我们住房也尽量临水，凡是有水的房子都值钱，要买房都想买近水的。第二，心善渊，心像水一样深沉，像水一样的平静。当然水也会起波澜，正如我们也有感情，会有情绪的被动，会有不愉快，起了一段浪，然后又风平浪静，回归于静。心善渊，这就是

我们地球只有一个月亮，也没有行星环，但是我们有水

　　人们往往没有意识到我们的星球充满了水是多么幸运。水是生命的本质。尽管老子不知道地球是布满水的独特星球，但他发现水代表着尽善尽美。他说"上善若水。水善利万物而不争。"如果我们行为像水一样，我们就会快乐自由。沧海让我们像木筏一样漂泊荡漾，河川让我们像苇叶一样顺流而下。我们不会告诉大海停止潮起潮落，我们不会告诉长河慢慢流淌。我们投身大海长河分享它们的欢乐自由，我们让水带领我们进入新的历险。

绘画及说明文字：赵启光

健康的保证。第三，与善仁。给与是善意的，仁慈的，这点老子就和孔子又联系起来了。孔子不是仁、义、礼、智、信吗？老子这儿也提个仁字，仁者爱人，那就是仁慈，善良。善于给予别人东西，不要把东西都搁到自己这儿，往自己这儿越积越多。孔子也说过，仁者寿。仁慈的人，对别人慷慨的人能长寿。别人占便宜，让他占一点儿，我付出的是宽容，得到的是健康。有人对长寿的人进行过统计，长寿的人绝大多数开朗，慷慨，能原谅别人，也能原谅自己，而这正是水的特点。水润泽万物。下雨时，溪水也好，瀑布也好，大海也好，总是慷慨地给予，没有听说天上下雨，我给你下了三公分的水，你还给我点东西。中国古人有点缺点，求雨的时候拿个猪头，扛个猪头到龙王爷那儿去。您下雨，我给您猪头。龙王爷太不值钱了，你一个猪头值多少钱。不过民间也不乏幽默，扛着龙王爷出来晒，叫你不下！再不下，我晒你！这有点近乎恶搞了。老子说：不行，要与善仁。不是一物换一物，我给你做件事，你还我一件事。"善者吾善之，不善之吾亦善之"，你好我对你好，你不好我也对你好。而不是今天你对我不好，我给你报复；明天你对我好，我就跟你交朋友。这不光是处理社会关系的一种方法，也是我们健康长寿的一个秘诀。第四，言善信。说话要守信用。水是很有信用

《道德经》四十九章：圣人无常心，以百姓心为心。善者吾善之，不善者吾亦善之。德善。

的。春天下雨，冬天下雪，钱塘潮该涨就涨。美国黄石公园有个喷泉叫做老忠实，这个喷泉每个隔61到67分钟，喷发一次。从平地起来，有几十米高，壮观极了，在太阳照耀下五彩缤纷。而且是热的，是从地底下出来，被岩浆灼热的。水从来不会辜负我们，它是守信用的。如果有机会去美国，我建议大家去黄石公园看看老忠实喷泉。中国人有个毛病，特别喜欢赌场，拉斯维加斯挤满了中国人，连赌场的工作人员都说中文，这恐怕不是健康之道。没有一个平静的，不争的态度，反而去争。为什么赌博呢？这就是争，竞争，试试自己的命运，与其这样做，不如欣赏欣赏自然，看看言善信的老忠实喷泉。第五，政善治，政治，中间加善字，一个善良的政治像水一样，润泽万物、无为无不为的政治是可以使人健康的。一个清明的政治，人能长寿。现在我们国家的人长寿，一个国家的人长寿，说明这个国家的政治比较清明。现在我们不说无为，用的是"不折腾"，在不折腾的时候人的寿命也可以增长。第六，事善能，做事的时候要有能力。水的力量是非常强的。滴水穿石，可见水的力量。有一种刀叫水刀，可以把铁切开。第七，动善时，水的来去都是要有准确的时间的，所以我们采取行动的，做事的时候要做最好的时机。杜甫有诗云："好雨知时节，当春乃发生。随风潜入夜，润物细无声。"好雨是知时节的，好人也是知时节的，长寿的人也是知时节的，人和时形成一种和谐的节奏。

如果我们像水一样的清明，像水一样的深远，像水一样的灵动，那么我们就可以活的更好，寿命就会更长。古希腊哲人有云：健康的身体一定有健康的思想。我们有健康的思想，我们古人的这个悲壮的愿望，没有实现的愿望，就是健康长寿。可能在几十年，几百年，如果说一千年也不算长，会实现，那时候我们就可以说道家思想对养生哲学是取得了全面的胜利，而我们每个人都应该用自己的行为，用自己的实践来建设一个美好的内心，把我们自己内心的美扩散到全世界，那个时候我们就会有满天星，满地花，那时候我们就会迎来心灵解放的胜利，那时候我们就可以战胜死亡，战胜疾病。

【观　众】我听了这个老子养生之道之后，我觉得起初听了老子养生很玄秘，但是再仔细听，我就觉得其实是很贴近我们生活，就是老子其实是告诉我们养生无非就是回归常识，我们饿了就要吃，但不要吃撑；困了就要睡，但是别睡多，睡晕了。我们做人就是要顺其自然，回归常识，不要去强求，不要急功近利。另外我们还要守好本分，明白给自己的定位，知道自己应该做什么，不该做什么，己所不欲勿施于人。这样呢就是说在生活中尽量做到以德报怨，这样既快乐自己，也能够幸福别人，就是在自己的周围形成这样一个幸场，这样肯定能够做到长生。

对，幸福场，每个人形成自己的小小的幸福场，我们这个幸福场结合起来就是幸福的田野，我们生活在幸福的田野下，你幸福我也幸福，你高兴，我也高兴，你健康我也健康。大家组成一个幸福快乐的大家园。

【观　众】我也是觉得老子这个养生术其实并不难，他就是复归其根，你要达到没身不殆的境界，首先要复归其根，就是回到婴儿那种状态，西方人认为说现在一切问题都可以用心理学来解释，也有道理，人的行为是受心理支配的，但是我觉得在养生问题上可能都要回到老子。瑜伽、太极拳还有打坐、冥想这些，其实都可以从老子这儿找到一个根本，你从思想上的清净无为，呼吸上的顺畅自然，然后有一个回到那种根本的那种婴儿的静的状态是最重要的。中国人光有孔子可能是不够的，不太能够圆满的，再加上老子才能满足人各方面的需求。

对了，这就是我们今天为什么强调老子，并不是说孔子错了，孔子没有错，孔子是一个方面，所以历代的统治者都喜欢强调孔子，可以培养一个和谐的社会，这是没有错，但是往往忽略了人和自然的和谐，所以我们有老子也有孔子，而不是只有一个人。一个人太累了，靠一个人，一个人的哲学，总是不好，要互相补充。其实我们今天说老子这么说，孔子这么说，其实我们也是各取所需，老子的话不是每一句我们都同意的，有些话我们不见得同意，我们不吟：我们不太懂，暂时我们放在一边，所以我们这个眼界宽阔了我们就走得更正确一些。

今天我们今天谈的是生命，谈的是养生之道。我们大家都珍爱生命，珍爱幸福，让我们每个人都在周围创造一个幸福场，健康场，那么我们整个的中华大地就会洋溢地幸福、快乐和欢乐，这一天我们相信已经在到来了。

第七讲

老子的老底儿：无为而无不为

无为无不为

老子说:"道常无为而无不为"。无为是做事遵循自然规律。既然世间一切都发生在宇宙之间,如果你遵循自然规律,你周围每天都会出现奇迹。无为是智慧,是对世界的信任。你对生活说:"我信任你,请你想做什么就做什么吧。"生活就会还你以无数惊喜。无不为是在规律间穿行的勇气,是艺高人胆大。无为要求放弃次要,无不为要求直击要害。只有无为才能无不为。无为是无不为的先决条件。

绘画及说明文字:赵启光

老子天下第一谈到这里，我们要请出主题，就好像在小说中，高潮常常出现在最后一样。如果不谈这个主题，老子就不成其为老子，道家也就不成其为道家了。赞同道家也好，批判道家也好，赞同老子也好，批判老子也好，常常离不开这个题目。这个题目就是：无为而无不为。

"无为"之所以重要，是在《道德经》中它出现的频率非常之高，在五千多字中，提到无为有 12 次之多。这还不是主要的。很多主题，很多内容，都是环绕无为而无不为这个主题展开的。"圣人处无为之事"，圣人所做的就是这种无为的事情。"圣人无为，故无败"。那么什么是无为呢？有千千万万的解释，很多人对道家误会，也误会在这儿。有人说了，你现在研究什么？我现在研究道家。噢，道家，道家主张无为，无为就是不做事情，消极而已。一句话就把一个高深的思想了结了。其实，老子说的远比这深刻得多。无为是顺应自然，是一种豁达的境界，是一种对天地造化的信心，天上飞着白云，地上走着牛羊，而你对这些充满了爱，你融入其中，你和它一起生长，一起走向壮大、衰老，一起再生，这就是一种豁达的境界。

其实，老子在《道德经》中创造的境界，就是一种无为的境界。无为是一种信任，那就是我们对自然，对

《道德经》二章：是以圣人处无为之事，行不言之教。万物作焉而不辞。生而不有，为而不恃，功成而弗居。夫唯弗居，是以不去。

《道德经》六十四章：为者败之，执者失之。是以圣人无为，故无败；无执，故无失。民之从事，常于几成而败之。慎终如始，则无败事。

宇宙说：我信任你。大自然和宇宙和世界常常以一种我们意想不到的方式，来报答我们。无为也是一种谦逊，无为知道人各有志，物各有主。无为不是勇敢，无为也不是胆怯，是在孤立中左右逢源。无为是一种喜悦，好像女性，一种知道此身已有主的喜悦。我们知道自己已经属于了这道，当我们知道我们自己不是上帝，而很多事情，不是由我们自己作主的时候，我们其实是取得了一种心灵上的解放。无为也是一种心灵的解放。

无为其实也是一种效率。因为我们这件事不做啦，不说啦，不想啦，我们才能做那件事，想那件事，完成那件事。而且最重要的一点，无为是和无不为联系在一起的。"道常无为而无不为"，无为两个字放在一起，就是要遵循自然规律，无不为，就是在顺应自然规律而左右逢源。换句话说，正是艺高人胆大，造成了我们的无为和无不为。

而无为和无不为的关系是什么样呢？就像我刚才说的，一是掌握自然规律，一是寄托和信任，把自己交给造化，让自己在造化中翻滚，让自己顺水行舟。同时，自己要发挥自己的主观能动性，完成大自然、社会和人生赋于我们的任务。无不为其实是一种主动行为，我们什么事情都做，我们认识到自己的力量，正因为我们有力量，正因为我们有信心，所以我们是天之骄子，像鸟

《道德经》三十七章：道常无为而无不为。侯王若能守之，万物将自化。

一样在天空飞翔，像鱼一样在深海遨游，正像孔子对老子的评价一样，我们像龙一样，这就是自信。老子说过非常重要的一句话，非常有气势的一句话，像雷鸣，如龙吟："以正治国，以奇用兵，以无事取天下"。用正义来治理国家，在战争中，军事上用奇兵，以无事取天下。而要做到这一点，就要"无为而无不为"。这其中最关键是"无"字，无是一种空，佛家说，空是存在。道家不讲空，讲无。无为无不为是行动，这个行动，是由存在决定的。我们宇宙的本质是物质存在，同时也是空的，空在一定程度比有更重要。可以说，宇宙的本质是空的，空间空间，要比实体多得多，大得多。离我们地球最近的恒星叫南门二。南门二是三个星结合在一起的。其中一个叫比邻星。比邻星，离我们地球有多远呢？4.2 光年，光要走 4.2 年。光走得最快，还得走 4.2 年才到。所以说宇宙中空的地方是非常大的。老子呢，就看见了空，他就说了，"天下之至柔，驰骋天下之至坚，无有入无间。"无有，不存在的东西（空），入无间，可以进入没有空隙的东西，可见这无有的力量有多大。可惜天下很少有人能够触及这个问题。老子对于无的认识，在他那个时代是空前的。

　　这个无为而无不为的理论，应用到实践上，应用到

《道德经》五十八章：以正治国，以奇用兵，以无事取天下。吾何以知其然哉？以此。

《道德经》四十三章：天下之至柔，驰骋天下之至坚。无有入无间，吾是以知无为之有益。不言之教，无为之益，天下希及之。

治国上，会怎么样呢？有没有人用过这种无为的理论呢？用了这种无为以后会有什么效果呢？老子的《道德经》出来以后，当然很多人都叹为经典。中国历史上有些朝代把无为作为治国的基本原则。汉代的文帝、景帝公开声明我们用老子的无为之治。其结果是出现了我国历史上有名的繁荣时期——文景之治。而在这前是秦朝，秦朝是妄为，不是无不为，做了很多事情。老子对于秦朝这种事情，已经有所预言。老子说："将欲取天下而为之，吾见其不得已。天下神器，不可为也。为者败之，执者失之。"还说："乐杀人者，不可得志于天下。"喜欢杀人的人，不可能在天下永远得志。秦始皇貌似强大，做了很多事情，无限地榨取民间的财富（当然也做了很多好事情），结果秦朝仅仅存在了 15 年。而奉行无为政策的汉朝（至少是开始的阶段），存在了 426 年。西汉的文景之治时，国家是非常富强，当时有人描写道：国家的粮食，堆到库里都满了，以至流到外面来。存在库里的钱，都生锈断掉了。马在路上都挤满了，人们要想聚会都很不容易。交通堵塞，跟现在一样，马都走不动了。国家是这么富强。

　　如果我们去西安，可以去看看秦始皇陵，秦始皇的陵墓还没打开，不过只要看看陪葬的兵马俑，是何等的气魄，何等的让人震惊，就可以想见秦始皇陵的规模。

《道德经》二十九章：将欲取天下而为之，吾见其不得已。天下神器，不可为也。为者败之，执者失之。夫物或行或随，或歔或吹，或强或羸，或挫或隳。是以圣人去甚、去奢、去泰。

就在的附近，有个地方叫阳陵，阳陵是汉景帝的陵墓。发掘出的陪葬的小陶人，很小，很土气。还有陪葬的小猪、小羊啊，都非常之小。

秦朝是 15 年，汉朝是 426 年。你看无为好，还是妄为好？到隋朝，隋炀帝又妄为了，他也有点像秦始皇那样，结果国家大乱，隋朝只延续了 37 年就灭亡了。吸取隋朝妄为的教训，唐朝又开始无为政策。老子姓李，唐朝皇帝也姓李，而且自认为是老子的后代，所以更来劲了，奉行无为政策，结果唐朝创造了中国历史上的鼎盛时代。唐朝存在了近三百年。

当然，事物总是变化的。西汉初年采用无为政策，与民休息，国家繁荣昌盛。汉武帝的时候达到顶峰。电视里汉武大帝非常英雄，非常有作为。其实汉武帝也是一个妄为的皇帝。军事上穷兵黩武，虚耗国库。经济上改变了原来的无为政策。什么是无为呢，给要市场规律发挥作用，老百姓有盐铁之利，有农耕之利，大家生产、交换，政府管理收费不就完了吗。汉武帝要干涉，干涉经济生活。他让大家检举富户偷税，然后将富户财产没收，罚没的一半给检举人。好嘛，这还不容易，大家都检举吧，我们邻居怎么偷税，怎么枉法，好了，国家就抄没财产，分一半给检举者，其实也分不了一半，多少分点吧。结果全国的中产人家大多都破产了。而汉武帝却挥金如土，赏这个人五千金，赐那个人五千金。五千两金子，那国家一共能有多少！从这个角度说他就根本就是一个败家子，妄为，国家从此一下就衰落了。西汉以后，光武中兴，东汉王朝建立，又把老子捧出来了，采用无为政策。

大家都知道一个成语：萧规曹随。萧何临死前，举荐曹参接替自己。曹参继任后，所有一切都照萧何的规矩办，不越雷池一步，所以叫萧规曹随。曹参用人也有点怪，他就用一些忠厚老实的人，爱冒险的人他一概不用。老子说："我有三宝，持而保之：曰慈、曰俭、曰不敢为天下先。"曹参就是不敢为天下先，采取无为政策。一开始，很多人都摸不清这个葫芦里卖的什么药。甚至连皇帝都沉不住气了，派人到他家去刺探。一到曹丞相府，只见整个相府鸦雀无声。到后花园一看，好嘛，正举行 party 呢！大家喝酒、唱歌，吟诗，作赋，好不热闹。皇帝一听就急了，就派曹参的儿子跟曹参去说，因为曹参的儿子是皇帝的侍从。于是这曹丞相的儿子就奉旨去跟曹丞相说：你呀这样做不行，你得赶紧行动起来。结果把曹丞相说恼了，曹丞相就把他儿子狠狠打了一顿，说："我做的事你不懂，你给我滚出去！"皇帝一听也有点不爽，就跟曹参说："别打你儿子，是朕叫他去的，朕只想问问曹爱卿到底打算怎么干？你葫芦

《道德经》六十七章：我有三宝，持而保之：一曰慈，二曰俭，三曰不敢为天下先。慈故能勇，俭故能广，不敢为天下先，故能成器长。

里卖的什么药？你为什么不采取什么行动？而只在一切照搬萧何故事？"曹参一听，赶紧摘掉帽子，跪倒在地，给皇帝讲了一番大道理："陛下您圣明，但是陛下和先皇高祖皇帝比起来，怎么样？"皇帝说："朕怎么能跟高祖皇帝相比呀？"曹参说："那请问陛下，老臣与萧何萧丞相比又如何？"皇帝说："爱卿恐怕也比不上萧丞相。"曹参说："既然陛下比不上高祖皇帝，老臣也不如萧何丞相。那我们就照他们去做就是了，有何不妥呢？"所以当时有一段话："萧何为法，顜若画一；曹参代之，守而勿失；载其清靖，民以宁壹。"这说当然有些过，但曹参的做法，多少有点对传统的尊重。

我们常常是为了革新而革新，结果把一些好的东西破坏了。我们要持续发展，要发展新的，同时也应保持好的。我们每一代人呢都认为自己比上一代人聪明。但是前代人积累的经验难道不应该重视吗？你可能比你上一代人聪明，但你不可能比所有的古人都聪明。厚今薄古，厚古薄今，是有条件的。你不能把前人都否定了。每代人都认为自己是特殊的，了不起的。但过后看来，并没有强到哪儿去。所以说应该尊重传统。

汉初文景之世，采取无为政策，"海内为一，开关梁，弛山泽之禁，是以富商大贾周流天下，交易之物莫不通，得其所欲。"开放山林的禁令，大家不与民争利，让经济自由发展，所以经济发展很快。皇帝做事，十个九个是错的，因为他权力无限，没有制约，又是生于深宫之内，长于妇人之手，对社会认识往往是片面的甚至是错的。可是皇帝常常是别出心裁，搞点文治武功，所以让他无为反而好一点。强调无为，其实要告诉皇帝，你们最好无为。无为政策，也是鼓励各级官吏，特别是高官无为。不要贪污，不要巧取豪夺，使国家富强起来。所以这个无为政策，对于经济的发展，吏治的清廉，都有其特殊的意义。

无为，是我把握大的政策，大的方向。比如说开放山林之禁，让民间取盐铁之利。民间可以做一切事情，我进行调节，进行管理，并不是完全不管。还有一层意思是任用贤人，放手让他们去干。皇帝不是万能的，不是神仙，管不了那么多具体的事，让能干的人去干。这多好，多潇洒！但有一点，在大方针上要把住。这是无为。至于后来的宋徽宗、明神宗，那是撒手不管，甩手大掌柜，不是真正的无为。

《道德经》二十八章：知其雄，守其雌，为天下溪。为天下溪，常德不离，复归于婴儿。

老子说："知其雄，守其雌。"我们心里其实是有数的，并不是说我们不做事情，而是我们知道事情有很多种选择，我们要非常慎重，了解这个事情的规律，谋定而后动，这就是"无为而无不为"。这里一个最关键的东西是为谁干，如果是为自己，做事和不做事都是不对的，如果出以公心，无为和无不为，起码你就会处理得更好。

下面主要是谈日常生活，在生活中怎么样体现"无为而无不为"。我给大家讲个故事。美国有个李先生，Mr. 李，在公司供职。有一天 Mr. 李终于搬进了有窗户的办公室。大家知道西方大公司是分成个一间一间小的隔间的，在边上的是房间，是办公室，有冲外的窗户，可以看见风景。角落的房间则两面都有窗户，就像我们现在，一侧看着大明湖，一侧看着千佛山。在小隔间里的是普通职员，白领。Mr. 李从小隔间里搬进了办公室，他升职了。于是，他的墙上挂上了公司的业绩表，上面是不规则的曲线。桌子上摆上了夫人的照片，窗户外面是起伏的山峦，多美呀！可李先生总觉得窗户上起伏的山峦越看越像旁边墙上的业绩表，甚至桌子上夫人飘逸起伏的秀发也像是业绩表的曲线。为什么呢？他失去了欣赏自然的能力，失去了欣赏美的能力。人和自然脱节了。老子说："人法地，地法天，天法道，道法自然。"其实我们周围有美，有爱，有快乐，当然还有道。而 Mr. 李在职场打拼，混了大半辈子，从小隔间里搬到了一间有风景的房子中，有条件心上美景了。可遗憾的是他已经不会欣赏了。美丽的山峦的轮廓，爱人秀发的迷人的曲线，在他眼里都成了干巴巴的业绩表上的

《道德经》三十七章：道常无为而无不为。侯王若能守之，万物将自化。

《道德经》二十五章：故道大、天大、地大、人亦大。域中有四大，而人居其一焉。人法地，地法天，天法道，道法自然。

李先生终于从小隔间搬到窗外有风景的办公室了。

可惜窗外山峦的起伏提醒他纳斯达克股票曲线

　　个人得失是李先生认真对待的唯一事情。他拼命工作乃至忘掉了周围的世界。我们应该认真对待自己的工作，但不要认真对待自己。一切郁闷皆因太拿自己当真。工作是过程，不是目的，工作给我们的应该是掌控而不是屈服，是和谐而不是对抗。

绘画及说明文字：赵启光

曲线！

这位 Mr. 李看了一天窗外的山峦和公司的报表，他乐呀，乐迷糊了，结果把手机给丢了。他回家的路上还挺难过，进了他们家小区。每天他一进小区，总低头打电话说事，他得升职，升职不能关机。今天没手机了，真还有点不习惯。哎，奇怪啊，我们家门口这棵树，搬来的时候是棵小树，什么时候长成了大树了。哎，门前有鲜花啊，我没看见哪，哎呀多少年来，我回家都是打电话，没看见过树，没看见花，十多年了，我也不容易，混到今天，感慨呀！到门口，跟保安点点头，保安还给他一个灿烂的微笑。保安心想：今天看到外星人了，李先生，本小区的明星成功人士，开宝马的车李先生，今天给我点头了，太阳从西边出来了。李先生也寻思：哎，这个保安很善良可爱呀，我从来没见过，你是从哪调来的呀？进了自己家门，全家围在桌边进餐。李先生抬头看对面的妻子，哎哟，对面的女人是谁啊？这么端庄、高雅，是我当年热烈追求的恋人啊，十几年我都没跟她一起正经吃过饭了，曾几时，她的鬓角添了一缕白发，但是这个白发丝毫没有减去她的美丽。哎哟，旁边坐的大姑娘是谁啊，哎呀是我女儿啊，是我从产院把她抱回来的，怎么就长这么大了。没有手机的骚扰，一家人就欢声笑语回忆过去的故事，充满了温馨和欢乐。您说，有手机好啊，还是没手机好啊？所以有时候得与失是互相转化的，"得与失孰病"。今天李先生对公司是无为，对家里是无不为。第二天李先生回到办公室，看到外面是雄奇的层峦叠嶂，山间有鸟儿在飞，山中还有清泉，山下还有小溪，蓝天白云，多么令人陶醉！李先生脸上浮现了一丝微笑，这一天的工作效率特别高。没想到好长时间解决不了的问题，今天居然解决了。把这个新的想法，对公司的新的设想，公司怎么样服务社区，怎么样让职工能和家庭一起度过一个愉快的周末，列入了他的报告，很快李先生搬入了角落里的房间，成了部门主管。摘下了挂在墙上的这张表报，多了一扇窗户，又增加了一个景观。

无为给李先生带来了高效率，带来了幸福。

我们再谈谈睡眠问题。睡觉，是一个大放弃，为什么有些人失眠？失眠的人常常不懂得无为，他说："哎呀这事我还没办呢"，"我这个矛盾还没解决呢"，脑子停不下来，不知道有些事情要放弃。每一次睡眠都跟死亡差不多，死亡是最后的、彻底的睡眠。到最后一定要撒手，这一件事我不管了，由它去吧。可许多人做不到，睡着以后还在做梦，梦见被别人追，追追追，啪，跳起来飞了，这说明我们还是处于这个紧张焦虑的状态。飞是人类的一个梦想，飞其实也是一种无为无不为。你看鹰在这天上飞，翅膀张开不动，无为。但是你要知道，此时有多少肌肉在运动，使它的能够在大气中飞翔。其实这也是一种无不为。

滑冰的时候，你这么一滑，好像什么也没做，但是实际上你在前进。我们大家在地球上好像什么也没做，但是我们地球环绕着太阳在运转。很多事情你控制不了，地球运转，你说转慢点行吗？不行。身体里分子原子都在动，你都要管吗？你管得了吗？这是一样的。这个中国国足进不了世界杯，多少人气愤的要命，有些人把电视机从楼顶上摔下来了，上届摔了，这届还没进。有些事情，你当然可以议论，但不是每件事情你都管得了的。所以还应以自我身心健康为重，你让国足给气死你也太冤点。

下边再说管理。老子说："为无为，则无不治。"有效的管理，就是无为。俗话说三个臭皮匠顶个诸葛亮。假设你是一个公司的总裁，共有三千名职工，那你至少统领着一千个诸葛亮。如果你放手让他们参与管理，积极听取大家的意见，让每个人都发挥积极性，那你就可以高枕无忧了。如果你不用这一千个诸葛亮的智慧，甚至还要和他们斗智斗勇，用各种方法控制他们，恐怕你是输定了。这里再讲一个故事。从前有个国王带着大臣出游，途中迷路了，国王震怒，责问大臣："你是治理这一方的大臣，是管这一段的，你给我指出路来！"大臣说："我不知道，这路通向什么地方，我实在不知道。"国王说："你这大臣怎么当的。"于是国王就找来一个放羊的小孩，小孩说："好走，跟我走吧。"于是赶着羊群走在前面，大伙儿跟在后面，很快就走出来了。国王问小孩，你怎么管这些羊的，怎么领我们走出迷路的。小孩说：没别的，我就放着羊，跟着羊走就行了。这群羊往哪走，我就跟着往哪走。国王就问小孩："你知道我是谁吗？"小孩说："我不知道你是谁。"国王又问："你知道国王是谁吗？"小孩说："我也不知道国王是谁。"国王若有所悟。治理国家其实就应该这样。《道德经》第十七章说："太上，不知有之。其次，亲而誉之。其次，畏之。其次，侮之。信不足焉，有不信焉。悠兮其贵言，功成事遂，百姓皆谓我自然。"最好的领导人，最好管理者，大家都不知道有你这么个人。为什么呢？你把它管理得井井有条，用不着发号施令，大家就会照你的意愿去做。其次是大家都愿意亲近你，大家都夸你好，我们这个头可好，我们这个村长，俺这个村长可是好啊，怎么好怎么好。再次是大家都很怕你，哎呀这事实事我不敢不做，不做我们的头可是精明啊，他一定把我找出来惩罚我，我害怕他，所以我不得不努力工作。最后是大家侮辱你，骂你，根本不把你放在眼里。这是老子分的四个等级。这里有宏观管理和微观管理的问题。日本的管理之父松下信之助他在管理学方面提出如下见解。他说，当企业只有一百个人的时候，他就站在员工中间，一起拼命一起干；到企业干有一千人的时候，他就站在员工的前头，领着大家往前走，往前拼命的闯；等他到有了一万人了，他就坐在办公室里心怀感激之心就可以了。这充分体现了道家思想。

【观　众】今天听了老师的讲课之后，觉得真的是受益匪浅。我有这样的感悟：如果一个人知道什么时候该去做什么的时候，那么这个人是很聪明的；但是你真正知道什么时候自己该不去做什么时候，这个人就是有智慧的人。在生活当中应该遵道而行，这样你就会得到一种感觉，就像是漂浮在水上一样，顺水行舟，很清静自在。有一个寓言说我们抓沙子的时候，你越用力去抓，可能什么都抓不到，沙子全从指头缝中漏出去了；但是当我们五指并拢去轻轻地捧的话，就能够捧出很多沙子。无为就是不做违背自然准则的一些事情。而无不为则是有目的的主动的行动。

对了，这说得非常好。老子为什么特别强调无为呢？它是一种尊重，对社会、自然的尊重。老子说："知不知，上；不知知，病。"知道自己不知道，是高明的；不知道自己不明白，就要出问题了。大多数事情我

《道德经》七十一章：知不知上，不知知病。夫唯病病，是以不病。圣人不病，以其病病。夫唯病病，是以不病。

们是不懂的，当我们不懂的时候，有两种选择，就是做和不做。我奉劝大家，在不懂的时候，就不去做它，这是很简单的道理。在一知半解的时候去做，失败的可能性接近于99%。如果在生命中，我们排除了这99%的愚蠢行为，我们一下就提高了我们生命的质量，这就是为什么老子特别强调无为，因为这个方面，常常被大家忽视。

【观　众】无为无不为，就像老师刚才说的一样，它是一种辩证的思维，它是一种境界，它是一种洞察，它是一种从容不迫，游刃有余的生命状态，它其实在启示我们，智慧有的时候比方法和技巧更重要。

说得非常好。在智慧和聪明中，我们选择智慧，因为智慧是更有指导性的，更有原则性的，更有方向性的，一个个小聪明加起来不等于智慧。无为无不为更是一种心态。庄子说："与其相濡以沫，不如相忘与江湖。"庄子对老子理解的非常透彻，他继承了老子思想的精髓。我们读《道德经》，应该体会到，它不是表面的文字叙述。"道可道，非常道。"老子通过文字的叙述（可道），引导我们去感悟道——一个境界，一个态度，一个灿烂的星空，一个大花园，让我们可以在里面自由徜徉。让我们一起学习老子这种无为无不为的精神，那么展现在我们前面是一条光辉灿烂的大道。

佛家有一句话，叫做一期一会。就是说某些人在某个场合聚会在一起，机缘巧合，是万分珍贵的，绝不会有第二次。今天不论是在座的各位还是坐在电视机前的观众，我们在一起，坐而论道，谈老子，谈无为无不为，这也是一种人生的幸运，是难得的机遇，一期一会。我非常感谢大家，能够在一起和我们畅游老子的境界，谢谢大家。

无为而无不为

赵启光 Qiguang Zhao 2006

燕妮想知道练太极剑是无为还是无不为

如果我们说太极拳是平静的无为，太极剑就是戏剧性的无不为。燕妮说："慢着慢着！上星期你告诉我们太极拳要从容悠游无目标，现在练太极剑你又让我们心怀剑指目标，我们到底处于何方？"我回答说："众弟子可处于有目标无目标之间，处于有用无用之间，处于无为无不为之间。其实太极拳太极剑并无不同，不外乎使身心和谐而已。"

绘画及说明文字：赵启光

附 录

道德经

一章

道可道，非常道。名可名，非常名。无名天地之始。有名万物之母。故常无欲以观其妙。常有欲以观其徼。此两者同出而异名，同谓之玄。玄之又玄，众妙之门。

二章

天下皆知美之为美，斯恶已；皆知善之为善，斯不善已。故有无相生，难易相成，长短相形，高下相倾，音声相和，前后相随。是以圣人处无为之事，行不言之教。万物作焉而不辞。生而不有，为而不恃，功成而弗居。夫唯弗居，是以不去。

三章

不尚贤，使民不争。不贵难得之货，使民不为盗。不见可欲，使民心不乱。是以圣人之治，虚其心，实其腹，弱其志，强其骨；常使民无知、无欲，使夫智者不敢为也。为无为，则无不治。

四章

道冲而用之，或不盈。渊兮似万物之宗。解其纷，和其光，同其尘，湛兮似或存。吾不知谁之子，象帝之先。

五章

天地不仁，以万物为刍狗。圣人不仁，以百姓为刍狗。天地之间，其犹橐籥乎？虚而不屈，动而愈出。多言数穷，不如守中。

六章

谷神不死，是谓玄牝。玄牝之门，是谓天地根。绵绵若存，用之不勤。

七章

天长地久。天地所以能长且久者，以其不自生，故能长生。是以圣人后其身而身先，外其身而身存。非以其无私邪？故能成其私。

八章

上善若水。水善利万物而不争，处众人之所恶，故几于道。居善地，心善渊，与善仁，言善信，正善治，事善能，动善时。夫唯不争，故无尤。

九章

持而盈之，不如其已；揣而锐之，不可长保；金玉满堂，莫之能守；富贵而骄，自遗其咎。功遂身退，天之道。

十章

载营魄抱一，能无离乎？专气致柔，能如婴儿乎？涤除玄览，能无疵乎？爱国治民，能无为乎？天门开阖，能无雌乎？明白四达，能无知乎？

十一章

三十辐共一毂，当其无，有车之用。埏埴以为器，当其无，有器之用。凿户牖以为室，当其无，有室之用。故有之以为利，无之以为用。

十二章

五色令人目盲，五音令人耳聋，五味令人口爽，驰骋畋猎令人心发狂，难得之货令人行妨。是以圣人为腹不为目，故去彼取此。

十三章

宠辱若惊，贵大患若身。何谓宠辱若惊？宠为下。得之若惊，失之若惊，是谓宠辱若惊。何谓贵大患若身？吾所以有大患者，为吾有身，及吾无身，吾有何患。故贵以身为天下，若可寄天下。爱以身为天下，若可托天下。

十四章

视之不见名曰夷，听之不闻名曰希，抟之不得名曰微。此三者不可致诘，故混而为一。其上不皦，其下不昧，绳绳不可名，复归于无物。是谓无状之状，无物之象，是谓惚恍。迎之不见其首，随之不见其后。执古之道以御今之有。能知古始，是谓道纪。

十五章

古之善为士者，微妙玄通，深不可识。夫唯不可识，故强为之容。豫兮若冬涉川；犹兮若畏四邻；俨兮其若容；涣兮若冰之将释；敦兮其若朴；旷兮其若谷；混兮其若浊；澹兮其若海；飂兮若无止。孰能浊以静之徐清。孰能安以动之徐生。保此道者不欲盈。夫唯不盈，故能蔽而新成。

十六章

致虚极，守静笃。万物并作，吾以观复。夫物芸芸，各复归其根。归根曰静，是谓复命；复命曰常，知常曰明。不知常，妄作凶。知常容，容乃公，公乃全，全乃天，天乃道，道乃久，没身不殆。

十七章

太上，不知有之；次，亲而誉之；其次，畏之；其次，侮之。信不足焉，有不信焉。悠兮其贵言，功成事遂，百姓皆谓：我自然。

十八章

大道废，有仁义；慧智出，有大伪；六亲不和，有孝慈；国家昏乱，有忠臣。

十九章

绝圣弃智，民利百倍；绝仁弃义，民复孝慈；绝巧弃利，盗贼无有；此三者，以为文不足。故令有所属，见素抱朴，少私寡欲。

二十章

绝学无忧。唯之与阿，相去几何？善之与恶，相去若何？人之所畏，不可不畏。荒兮其未央哉！众人熙熙，如享太牢、如春登台。我独泊兮其未兆，如婴儿之未孩；傫傫兮若无所归。众人皆有余，而我独若遗。我愚人之心也哉！沌沌兮。俗人昭昭，我独昏昏；俗人察察，我独闷闷。众人皆有以，而我独顽且鄙。我独异于人，而贵食母。

二十一章

孔德之容，惟道是从。道之为物，惟恍惟惚。惚兮恍兮，其中有象。恍兮惚兮，其中有物。窈兮冥兮，其中有精。其精甚真。其中有信。自古及今，其名不去，以阅众甫。吾何以知众甫之状哉！以此。

二十二章

曲则全，枉则直，洼则盈，敝则新，少则得，多则惑。是以圣人抱一为天下式。不自见，故明；不自是，故彰；不自伐，故有功；不自矜，故长。夫唯不争，故天下莫能与之争。古之所谓曲则全者，岂虚言哉！

诚全而归之。

二十三章

希言自然。故飘风不终朝，骤雨不终日。孰为此者？天地。天地尚不能久，而况于人乎？故从事于道者，同于道；德者，同于德；失者，同于失。同于道者，道亦乐得之；同于德者，德亦乐得之；同于失者，失于乐得之。信不足焉，有不信焉。

二十四章

企者不立；跨者不行。自见者不明；自是者不彰。自伐者无功；自矜者不长。其在道也，曰：余食赘形，物或恶之，故有道者不处。

二十五章

有物混成，先天地生。寂兮寥兮，独立而不改，周行而不殆，可以为天下母。吾不知其名，字之曰道。强为之名曰大。大曰逝，逝曰远，远曰反。故道大、天大、地大、人亦大。域中有四大，而人居其一焉。人法地，地法天，天法道，道法自然。

二十六章

重为轻根，静为躁君。是以君子终日行不离轻重。虽有荣观，燕处超然。奈何万乘之主而以身轻天下。轻则失根，躁则失君。

二十七章

善行无辙迹，善言无瑕谪，善数不用筹策，善闭无关楗而不可开，善结无绳约而不可解。是以圣人常善救人，故无弃人；常善救物，故无弃物。是谓袭明。故善人者，不善人之师；不善人者，善人之资。不贵其师，不爱其资，虽智大迷，是谓要妙。

二十八章

知其雄，守其雌，为天下溪。为天下溪，常德不离，复归于婴儿。知其白，守其黑，为天下式。为天下式，常德不忒，复归于无极。知其荣，守其辱，为天下谷。为天下谷，常德乃足，复归于朴。朴散则为器，圣人用之，则为官长。故大制不割。

二十九章

将欲取天下而为之，吾见其不得已。天下神器，不可为也。为者败之，执者失之。夫物或行或随，或歔或吹，或强或羸，或挫或隳。是以圣人去甚、去奢、去泰。

三十章

以道佐人主者，不以兵强天下。其事好还。师之所处，荆棘生焉。军之后必有凶年。善有果而已，不敢以取强。果而勿矜，果而勿伐，果而勿骄，果而不得已，果而勿强。物壮则老，是谓不道，不道早已。

三十一章

夫兵者不祥之器，物或恶之，故有道者不处。君子居则贵左，用兵则贵右。兵者不祥之器，非君子之器，不得已而用之，恬淡为上，胜而不美。而美之者，是乐杀人。夫乐杀人者，则不可得志于天下矣。吉事尚左，凶事尚右。偏将军居左，上将军居右。言以丧礼处之。杀人之众，以悲哀泣之；战胜，以丧礼处之。

三十二章

道常无名。朴虽小，天下莫能臣也。侯王若能守之，万物将自宾。天地相合，以降甘露，民莫之令而自均。始制有名，名亦既有，夫亦将知止，知止可以不殆。譬道之在天下，犹川谷之于江海。

三十三章

知人者智，自知者明胜人者有力，自胜者强，知足者富，强行者有志，不失其所者久，死而不亡者寿。

三十四章

大道泛兮，其可左右。万物恃之以生而不辞，功成而不名有，衣养万物而不为主。常无欲，可名于小；万物归焉而不为主，可名为大。以其终不自为大，故能成其大。

三十五章

执大象天下往。往而不害安平太。乐与饵，过客止。道之出口，淡乎其无味。视之不足见，听之不足闻，用之不足既。

三十六章

将欲歙之，必固张之；将欲弱之，必固强之；将欲废之，必固兴之；将欲取之，必固与之。是谓微明。柔弱胜刚强。鱼不可脱于渊，国之利器不可以示人。

三十七章

道常无为而无不为。侯王若能守之，万物将自化。化而欲作，吾将镇之以无名之朴。无名之朴，夫亦将无欲。不欲以静，天下将自定。

三十八章

上德不德是以有德，下德不失德是以无德。上德无为而无以为，下德无为而有以为。上仁为之而无以为。上义为之而有以为。上礼为之而莫之以应，则攘臂而扔之。故失道而后德，失德而后仁，失仁而后义，失义而后礼。夫礼者，忠信之薄而乱之首。前识者，道之华而愚之始。是以大丈夫，处其厚不居其薄，处其实不居其华。故去彼取此。

三十九章

昔之得一者。天得一以清,地得一以宁,神得一以灵,谷得一以盈,万物得一以生,侯王得一以为天下贞。其致之也,天无以清将恐裂,地无以宁将恐废,神无以灵将恐歇,谷无以盈将恐竭,万物无以生将恐灭,侯王无以贞将恐蹶。故贵以贱为本,高以下为基。是以侯王自称孤、寡、不谷。此非以贱为本邪?非乎。至誉无誉。不欲琭琭如玉,珞珞如石。

四十章

反者道之动。弱者道之用。天下万物生于有,有生于无。

四十一章

上士闻道,勤而行之;中士闻道,若存若亡;下士闻道,大笑之,不笑不足以为道。故建言有之。明道若昧。进道若退。夷道若纇。上德若谷,大白若辱,广德若不足,建德若偷,质真若渝。大方无隅,大器晚成,大音希声,大象无形,道隐无名。夫唯道,善贷且成。

四十二章

道生一,一生二,二生三,三生万物。万物负阴而抱阳,冲气以为和。人之所恶,唯孤、寡、不谷,而王公以为称。故物或损之而益,或益之而损。人之所教,我亦教之。强梁者,不得其死。吾将以为教父。

四十三章

天下之至柔，驰骋天下之至坚。无有人无间，吾是以知无为之有益。不言之教，无为之益，天下希及之。

四十四章

名与身孰亲？身与货孰多？得与亡孰病？是故甚爱必大费，多藏必厚亡。知足不辱，知止不殆。可以长久。

四十五章

大成若缺，其用不弊。大盈若冲，其用不穷。大直若屈，大巧若拙，大辩若讷。静胜躁，寒胜热。清静为天下正。

四十六章

天下有道，却走马以粪。天下无道，戎马生于郊。祸莫大于不知足，咎莫大于欲得。故知足之足常足矣。

四十七章

不出户，知天下；不窥牖，见天道。其出弥远，其知弥少。是以圣人不行而知，不见而明，不为而成。

四十八章

为学日益，为道日损。损之又损，以至于无为。无为而不为。取天下常以无事。及其有事，不足以取天下。

四十九章

圣人无常心，以百姓心为心。善者吾善之，不善者吾亦善之。德善。信者吾信之，不信者吾亦信之。德信。圣人在天下歙歙焉，为天下浑其心。百姓皆注其耳目，圣人皆孩之。

五十章

出生入死。生之徒，十有三。死之徒，十有三。人之生，动之于死地，亦十有三。夫何故？以其生生之厚。盖闻善摄生者，陆行不遇兕虎，入军不被甲兵。兕无所投其角，虎无所用其爪，兵无所容其刃。夫何故？以其无死地。

五十一章

道生之，德畜之，物形之，势成之。是以万物莫不尊道，而贵德。道之尊，德之贵，夫莫之命而常自然。故道生之，德畜之。长之育之。亭之毒之。养之覆之。生而不有，为而不恃，长而不宰。是谓玄德。

五十二章

天下有始，以为天下母。既得其母，以知其子。既知其子，复守其母，没身不殆。塞其兑，闭其门，终身不勤。开其兑，济其事，终身不救。见其小曰明，守柔曰强。用其光，复归其明，无遗身殃。是为习常。

五十三章

使我介然有知，行于大道，唯施是畏。大道甚夷，而人好径。朝甚除，田甚芜，仓甚虚。服文彩，带利剑，厌饮食，财货有余。是谓盗夸。非道也哉。

五十四章

善建者不拔，善抱者不脱，子孙以祭祀不辍。修之于身，其德乃真；修之于家，其德乃余；修之于乡，其德乃长；修之于邦，其德乃丰；修之于天下，其德乃普。故以身观身，以家观家，以乡观乡，以邦观邦，以天下观天下。吾何以知天下然哉？以此。

五十五章

含德之厚比于赤子。毒虫不螫，猛兽不据，攫鸟不搏。骨弱筋柔而握固。未知牝牡之合而朘作，精之至也；终日号而不嗄，和之至也。知和曰常，知常曰明，益生曰祥，心使气曰强。物壮则老。谓之不道，不道早已。

五十六章

知者不言，言者不知。挫其锐，解其纷，和其光，同其尘，是谓玄同。故不可得而亲，不可得而疏，不可得而利，不可得而害。不可得而贵，不可得而贱。故为天下贵。

五十七章

以正治国，以奇用兵，以无事取天下。吾何以知其然哉？以此。天下多忌讳，而民弥贫；民多利器，国家滋昏；人多伎巧，奇物泫起；法令滋彰，盗贼多有。故圣人云：我无为而民自化，我好静而民自正，我无事而民自富，我无欲而民自朴。

五十八章

其政闷闷，其民淳淳；其政察察，其民缺缺。祸兮福之所倚，福兮祸之所伏。孰知其极，其无正。正复为奇，善复为妖。人之迷，其日固久。是以圣人方而不割。廉而不刿。直而不肆，光而不耀。

五十九章

治人事天莫若啬。夫唯啬是谓早服，早服谓之重积德，重积德则无不克，无不克则莫知其极，莫知其极可以有国，有国之母可以长久。是谓深根固柢，长生久视之道。

六十章

治大国若烹小鲜。以道莅天下，其鬼不神。非其鬼不神，其神不伤人。非其神不伤人，圣人亦不伤人。夫两不相伤，故德交归焉。

六十一章

大国者下流，天下之交，天下之牝。牝常以静胜牡。以静为下。故大国以下小国，则取小国；小国以下大国，则取大国。故或下以取，或下而取。大国不过欲兼畜人，小国不过欲入事人。夫两者各得所欲，大者宜为下。

六十二章

道者万物之奥，善人之宝，不善人之所保。美言可以市尊，美行可以加人。人之不善，何弃之有。故立天子、置三公，虽有拱璧以先驷马，不如坐进此道。古之所以贵此道者何。不曰：求以得，有罪以免邪？故为天下贵。

六十三章

为无为，事无事，味无味。大小多少，报怨以德。图难于其易，为大于其细。天下难事必作于易，天下大事必作于细。是以圣人终不为大，故能成其大。夫轻诺必寡信，多易必多难。是以圣人犹难之，故终无难矣。

六十四章

其安易持，其未兆易谋。其脆易泮，其微易散。为之于未有，治之于未乱。合抱之木，生于毫末；九层之台，起于累土；千里之行；始于足下。为者败之，执者失之。是以圣人无为，故无败；无执，故无失。民之从事，常于几成而败之。慎终如始，则无败事。是以圣人欲不欲，不贵难得之货；学不学，复众人之所过，以辅万物之自然而不敢为。

六十五章

古之善为道者，非以明民，将以愚之。民之难治，以其智多。故以智治国，国之贼。不以智治国，国之福。知此两者，亦稽式。常知稽式，是谓玄德。玄德深矣、远矣！与物反矣。然后乃至大顺。

六十六章

江海之所以能为百谷王者，以其善下之，故能为百谷王。是以圣人欲上民，必以言下之；欲先民，必以身后之。是以圣人处上而民不重，处前而民不害。是以天下乐推而不厌。以其不争，故天下莫能与之争。

六十七章

天下皆谓我道大，似不肖。夫唯大，故似不肖。若肖，久矣！其细也夫。我有三宝，持而保之：一曰慈，二曰俭，三曰不敢为天下先。慈故能勇，俭故能广，不敢为天下先，故能成器长。今舍慈且勇，舍俭且广，舍后且先，死矣！夫慈以战则胜，以守则固。天将救之，以慈卫之。

六十八章

善为士者不武，善战者不怒，善胜敌者不与，善用人者为之下。是谓不争之德，是谓用人之力，是谓配天之极。

六十九章

用兵有言，吾不敢为主而为客，不敢进寸而退尺。是谓行无行，攘无臂，扔无敌，执无兵。祸莫大于轻敌。轻敌几丧吾宝。故抗兵相加，哀者胜矣。

七十章

吾言甚易知，甚易行。天下莫能知，莫能行。言有宗，事有君。夫唯无知，是以我不知。知我者希，则我者贵。是以圣被褐怀玉。

七十一章

知不知上，不知知病。夫唯病病，是以不病。圣人不病，以其病病。夫唯病病，是以不病。

七十二章

民不畏威，则大威至。无狎其所居，无厌其所生。夫唯不厌，是以不厌。是以圣人自知不自见。自爱不自贵。故去彼取此。

七十三章

勇于敢则杀。勇于不敢则活。此两者或利或害。天之所恶孰知其故。天之道不争而善胜。不言而善应。不召而自来。繟然而善谋。天网恢恢疏而不失。

七十四章

民不畏死，奈何以死惧之。若使民常畏死，而为奇者，吾得执而杀之，孰敢。常有司杀者杀。夫代司杀者杀，是谓代大匠斫。夫代大匠斫者，希有不伤其手矣。

七十五章

民之饥，以其上食税之多，是以饥。民之难治，以其上之有为，是以难治。民之轻死，以其求生之厚，是以轻死。夫唯无以生为者，是贤于贵生。

七十六章

人之生也柔弱，其死也坚强。草木之生也柔脆，其死也枯槁。故坚强者死之徒，柔弱者生之徒。是以兵强则灭，木强则折。强大处下，柔弱处上。

七十七章

天之道其犹张弓与？高者抑之，下者举之，有余者损之，不足者补之。天之道，损有余而补不足。人之道，则不然，损不足以奉有余。孰能有余以奉天下，唯有道者。是以圣人为而不恃，功成而不处。其不欲见贤邪！

七十八章

天下莫柔弱于水，而攻坚强者，莫之能胜。以其无以易之。弱之胜强，柔之胜刚，天下莫不知莫能行。是以圣人云：受国之垢，是谓社稷主；受国不祥，是为天下王。正言若反。

七十九章

和大怨，必有余怨，安可以为善。是以圣人执左契，而不责于人。有德司契，无德司彻。天道无亲，常与善人。

八十章

小国寡民。使有什伯之器而不用，使民重死而不远徙。虽有舟舆无所乘之，虽有甲兵无所陈之，使民复结绳而用之。甘其食，美其服，安其居，乐其俗。邻国相望，鸡犬之声相闻，民至老死不相往来。

八十一章

　　信言不美，美言不信；善者不辩，辩者不善；知者不博，博者不知。圣人不积，既以为人己愈有，既以与人己愈多。天之道，利而不害。圣人之道，为而不争。